A COMPAIXÃO DE
DEUS

Dados Internacionais de Catalogação na Publicação (CIP)
Angélica Ilacqua CRB-8/7057

Nicodemus, Augustus
  A compaixão de Deus : a mensagem de Jonas para a igreja de hoje / Augustus Nicodemus. – São Paulo : Vida Nova, 2018.
  96 páginas.

  ISBN 978-85-275-0813-1

  1. Deus – Compaixão 2. Bíblia. A.T. Jonas I. Título

18-0211   CDD-224.92

Índices para catálogo sistemático:
1. Bíblia. A.T. Jonas

AUGUSTUS NICODEMUS

A COMPAIXÃO DE DEUS

A MENSAGEM DE JONAS
PARA A IGREJA DE HOJE

VIDA NOVA

©2018, de Edições Vida Nova

Todos os direitos em língua portuguesa reservados por
SOCIEDADE RELIGIOSA EDIÇÕES VIDA NOVA
Rua Antônio Carlos Tacconi, 63, São Paulo, SP, 04810-020
vidanova.com.br | vidanova@vidanova.com.br

1.ª edição: 2018

Proibida a reprodução por quaisquer meios,
salvo em citações breves, com indicação da fonte.

Impresso no Brasil / *Printed in Brazil*

Todas as citações bíblicas sem indicação da
versão foram extraídas da Almeida Século 21.
As citações bíblicas com indicação da versão *in loco*
foram extraídas da Almeida Revista e Atualizada (ARA).

DIREÇÃO EXECUTIVA
Kenneth Lee Davis

GERÊNCIA EDITORIAL
Fabiano Silveira Medeiros

EDIÇÃO DE TEXTO
Cristina Ignacio
Fernando Mauro S. Pires

PREPARAÇÃO DE TEXTO
Marcia B. Medeiros
Caio Medeiros

REVISÃO DE PROVAS
Gustavo N. Bonifácio

GERÊNCIA DE PRODUÇÃO
Sérgio Siqueira Moura

DIAGRAMAÇÃO
Claudia Fatel Lino

CAPA
Wesley Mendonça

SUMÁRIO

Prefácio 7

Introdução 9

CAPÍTULO 1
Um pregador improvável 17

CAPÍTULO 2
Com Jonas no barco tudo vai muito mal 23

CAPÍTULO 3
Do ventre do peixe 39

CAPÍTULO 4
O maior avivamento do mundo 53

CAPÍTULO 5
A ira do homem e a misericórdia de Deus 69

Considerações finais 83

PREFÁCIO

O livro de Jonas está cheio de histórias preciosas, além da narrativa acerca de um homem que ficou três dias na barriga de um peixe. Ao longo de seus quatro breves capítulos, encontramos a história do profeta hebreu Jonas, um homem que temia a Deus, mas tinha dificuldades em perdoar aos temíveis assírios, inimigos de seu povo. Mais do que isso, temos no livro uma história sobre Deus levando esse homem a anunciar o arrependimento e o perdão a seus próprios inimigos, o que mostra como Deus está disposto a perdoar os que se arrependem e creem. O livro de Jonas trata de Deus, de seu poder, de sua soberania sobre a criação e as circunstâncias, de sua misericórdia e de seu perdão.

Fiz uma exposição acerca de Jonas em um retiro de jovens da Primeira Igreja Presbiteriana de Goiânia, a qual serviu de base para a obra que o leitor tem agora em mãos. Ao redigir esta obra, procurei levar em consideração o caráter histórico do livro de Jonas, seu propósito teológico e as muitas maneiras pelas quais ele se aplica à nossa vida hoje.

Uma dessas maneiras, sem dúvida, é a lição acerca do amor soberano e salvador de Deus para com os povos. Esse livro do Antigo Testamento antecipa a conversão dos gentios e a entrada deles no povo de Deus. O grande avivamento espiritual que aconteceu em Nínive é um prelúdio do que Deus um dia haveria de fazer, chamando pessoas de todas as tribos, línguas e nações para serem parte de seu povo redimido, a igreja de Jesus Cristo. Vivemos hoje, no Brasil, dias de grande oportunidade para a pregação do evangelho. Cresce o número de pessoas que estão sendo atraídas à fé bíblica. Milhares de jovens agora buscam conhecer mais o Deus da Bíblia — o Deus de Jonas. Vemos na história desse "profeta fujão" que Deus pode ter compaixão mesmo das cidades mais cruéis e ímpias, como era o caso de Nínive. Isso nos dá esperança nesses dias difíceis no Brasil.

Minha expectativa é que esse comentário devocional e homilético sobre Jonas seja usado por Deus para abençoar seu povo e nos ensinar a ter compaixão como ele tem.

Rev. Augustus Nicodemus Lopes
Goiânia, novembro de 2017

INTRODUÇÃO

A relevância do livro de Jonas

Existem duas razões principais para estudar o livro de Jonas. A primeira é que ele revela muita coisa a respeito de Deus, uma vez que o grande protagonista do livro não é o profeta Jonas, mas, sim, Deus, que transparece em praticamente cada versículo, agindo, interagindo, sendo paciente, perguntando, respondendo, observando e assim por diante.

Sei que estamos acostumados (desde as aulas no departamento infantil das igrejas) a estudar Jonas, e o foco desse estudo sempre foi o profeta fujão e desobediente que se esquivou para longe do que Deus havia mandado. Jonas é sempre a grande estrela da história — pelo menos é assim que geralmente ouvimos e aprendemos.

A verdade, no entanto, é que esse livro é sobre Deus, seu domínio sobre todas as coisas e sua misericórdia para com as pessoas. Creio que essa mensagem a respeito do amor e da compaixão que Deus tem pela humanidade — mesmo por pessoas das quais não gostamos e que chegam a nos causar raiva quando se convertem — é algo a que precisamos dar ouvidos. Assim, acredito que a mensagem contida em Jonas é importante para que nós, em dias difíceis como os que estamos vivendo, nos lembremos de quem é o Deus a quem servimos.

A COMPAIXÃO DE DEUS

A segunda razão para estudar o livro de Jonas é o fato de ter sido citado duas vezes por Jesus. Isso não o coloca em vantagem, pois Jesus cita muitos outros livros do Antigo Testamento; contudo, em particular, Jesus se refere à história de Jonas e ao fato marcante de o profeta ter passado três dias e três noites dentro do peixe como um tipo ou figura de seu ministério, bem como de sua própria morte e sepultamento. Em Mateus 12.39-41, Jesus faz três referências ao livro de Jonas. Vejamos o que Cristo diz:

... Uma geração má e adúltera pede um milagre; mas nenhum milagre lhes será dado, senão o do profeta Jonas; pois, assim como Jonas esteve três dias e três noites no ventre do grande peixe, assim o Filho do homem estará três dias e três noites no coração da terra. Os habitantes de Nínive se levantarão no juízo contra esta geração e a condenarão, pois se arrependeram com a pregação de Jonas. E aqui está quem é maior que Jonas.

Vemos então que Jesus chama a atenção para três aspectos do livro de Jonas: a figura do profeta, o tempo que ele passou dentro do peixe e o resultado de sua pregação, isto é, o arrependimento dos ninivitas. Esses três fatos são citados por Jesus, que os utiliza para dizer quem ele próprio é: alguém maior que Jonas, que morre pelos nossos pecados e espera que, no dia do juízo, essa mensagem tenha sido ouvida e tenha levado as pessoas ao arrependimento. Tudo isso me leva à conclusão de que estudar esse livro é muito importante para nós, cristãos do século 21.

INTRODUÇÃO

Características, particularidades e circunstâncias históricas

Existem algumas particularidades no livro de Jonas que chamam a atenção. Ele está inserido entre os profetas, mas os demais livros proféticos não se assemelham muito a ele, pois apresentam um estilo bem diferente do de Jonas. Este se parece mais com uma história, na verdade. De longa data se questiona a real natureza desse livro. Muitos acham que se trata apenas de uma parábola e que os acontecimentos nele descritos não ocorreram de verdade. Para essas pessoas, a narrativa de Jonas não é nada além de uma invenção de algum poeta hebreu que desejava expor uma lição a respeito do Deus de Israel, querendo dizer que ele é Deus das outras nações também, e não somente da nação israelita.

A verdade é que, desde cedo, muitos ridicularizaram os cristãos por acreditarem nesse texto. Dois escritores pagãos, Porfírio e Juliano, já no primeiro século zombavam dos cristãos por acreditarem nas histórias de um peixe que engolia um homem e de uma árvore que crescia e em seguida secava após ser mordida por uma lagarta.

Outros chegam a dizer que o relato de Jonas foi inventado a partir de outras histórias e lendas. Por exemplo, nos escritos de Homero, poeta grego que viveu muitos anos antes de Cristo, há uma história em que o famoso Hércules passa três dias no ventre de um monstro marinho para salvar sua amada, Alcione. Há também a história de Perseu, que liberta Andrômeda, a qual havia sido aprisionada por um monstro marinho. De acordo com algumas pessoas, então, o conteúdo de Jonas seria uma história criada a partir de lendas mais antigas.

Há também alguns estudiosos que se dizem cristãos e defendem que o livro consiste realmente em uma parábola, pois os milagres nele relatados — um homem sendo engolido inteiro por um peixe e uma cidade inteira sendo convertida pela mensagem desse homem — não seriam passíveis de acontecer. Outro argumento usado para fundamentar essa tese é o de que o capítulo 2 foi escrito em um formato diferente dos demais, quase como uma poesia.

Para mim, no entanto (e para muitos outros, é claro), Jonas é um livro histórico. O problema dessa teoria, a qual defende que nada do que está no livro realmente aconteceu, não diz respeito aos fatos em si, mas, sim, ao próprio Deus, porque, se ele existe, tudo o que o livro descreve é possível. Se o Deus que a Bíblia apresenta desde o começo é o ser todo-poderoso que diz "Haja luz", e a luz, de fato, passa a existir, por que ele não poderia fazer até mesmo um lambari engolir um homem? O problema então é com o conceito que se tem de Deus, pois, se você crê no Deus da Bíblia, nada é impossível; ele é o Deus poderoso que fez surgir do nada tudo o que existe. Ele faz o que lhe agrada, pois é onipotente.

E mais. Qual é o inconveniente de Jonas fazer sua oração em forma de poesia? Ele era judeu, profeta e frequentava o Templo em Jerusalém, onde ouvia os salmos, que eram justamente orações em forma poética. Se Jonas cresceu ouvindo salmos, qual seria a linguagem mais natural para que escrevesse uma oração? Um salmo! Essa é a definição do capítulo 2; é a linguagem do coração de Jonas, aprendida desde pequeno no templo.

INTRODUÇÃO

E quanto à questão dos mitos pagãos? Em primeiro lugar, esses mitos são em grande parte baseados nos escritos de poetas gregos, como Homero, os quais não temos como ter certeza de que realmente existiram; nem mesmo podemos afirmar categoricamente que as obras atribuídas a eles são, de fato, autênticas. Em muitos casos, só temos conhecimento de determinado escritor grego antigo porque um segundo ou terceiro escritor que viveu muito tempo depois preservou fragmentos de sua obra.

O livro de Jonas, em contraste, é encontrado em cópias manuscritas em pergaminhos completos e em fragmentos, e alguns desses datam da época de Cristo ou mesmo de antes. Quando ocorreu a descoberta dos Manuscritos do Mar Morto, em Qumran, uma cópia completa do livro foi encontrada em um rolo fragmentado dos Profetas Menores, datando do segundo século antes de Cristo.

Em segundo lugar, é mais factível que a antiga história hebraica de um profeta engolido por um peixe tenha sido corrompida e dado origem às histórias fantásticas encontradas em escritos gregos, considerando a antiguidade dos manuscritos hebraicos — estima-se que o profeta Jonas tenha vivido por volta de 800 a.C.

Para nós, no entanto, o elemento mais importante é que Jesus Cristo considerou esse livro histórico. Cristo diz que: "... assim como Jonas esteve três dias e três noites no ventre do grande peixe, assim o Filho do homem estará três dias e três noites no coração da terra" (Mt 12.40), e também se refere a si próprio como alguém "... maior que Jonas" (Mt 12.41; Lc 11.32). Se a história de Jonas é um mito, a comparação que Jesus faz fica sem sentido.

Qual é o propósito de dizer isso se Jonas não existiu? Um pouco antes, Jesus já havia afirmado que "os habitantes de Nínive se levantarão no juízo contra esta geração e a condenarão, pois se arrependeram..." (Mt 12.41). Se o livro de Jonas é um mito, o argumento de Jesus não tem o menor cabimento. Para mim, então, faz, sim, diferença se o livro de Jonas é histórico ou não, e não existe nenhuma dificuldade em recebê-lo como o registro de acontecimentos.

A próxima pergunta, então, seria: "Quem é, afinal, esse Jonas sobre quem o livro fala?". Não sabemos muita coisa a respeito desse profeta. De acordo com 2Reis 14.25, Jonas era filho de Amitai, da tribo de Zebulom, onde ficava a cidade de Gate-Héfer, sua cidade natal, no Reino do Norte. Essa passagem também deixa transparecer que Jonas era um profeta conhecido em Israel.

Ele viveu durante o reinado de Jeroboão II e é um dos profetas mais antigos, nascido logo depois de Eliseu e próximo a Amós e Oseias, em uma época em que Israel vivia uma prosperidade internacional. A nação havia se libertado recentemente da Síria e estava desfrutando de um período de estabilidade. E essa libertação havia sido profetizada por Jonas. Portanto, há registro de que ele era um profeta conhecido em Israel.

Jonas foi o único profeta do Antigo Testamento a ser enviado por Deus para pregar a outro povo; todos os outros foram enviados a pregar na própria nação de Israel. É curioso que o nome de Israel não apareça nenhuma vez no livro de Jonas. A referência mais próxima ocorre quando Jonas diz que é hebreu (1.9), mas não há menção direta à nação israelita.

INTRODUÇÃO

Foi esse homem que Deus enviou à nação mais poderosa da época com uma mensagem de condenação. A mensagem trazia em si a possibilidade de arrependimento da parte dos assírios, o que acarretaria o perdão da parte do Senhor dos Exércitos. Nas páginas a seguir, vamos conhecer em detalhes os acontecimentos extraordinários de um dos maiores avivamentos espirituais ocorridos na história humana, cujo protagonista foi um pregador que tinha tudo para dar errado. A lição é clara: ao Senhor pertence a salvação! (Jn 2.9)

CAPÍTULO 1

UM PREGADOR IMPROVÁVEL

Jonas 1—4

Jonas era um homem temente a Deus. Ele reconheceu seu pecado diante dos marinheiros quando estes descobriram que era dele a culpa pela tempestade que colocava em risco a vida de todos os que estavam a bordo; ele declarou aos marinheiros que acreditava que Deus era o criador dos céus e da terra; ele orou a Deus de dentro do ventre do peixe; e, depois que lhe foi dada uma segunda chance, ele obedeceu e pregou a palavra de Deus em Nínive.

Jonas era crente e temente a Deus, mas travava uma luta interna com sua raiva pelos ninivitas. Podemos tentar entender o porquê de sua raiva: Nínive era a cidade mais importante da Assíria, um império internacional que estava se levantando e que era conhecido por sua violência militar.

Quando eu era menino, meu pai comprou para mim uma coleção de livros chamada *Tesouro da juventude*, cujos volumes abordavam temas como artes, história, geografia, matemática etc.; tratava-se de uma enciclopédia juvenil.

Havia uma imagem no volume de história antiga que ficou gravada na minha memória: um guerreiro assírio com o pé no pescoço de um soldado vencido no campo de batalha, avançando para arrancar com a mão a língua desse inimigo derrotado.

Aquele era um exército cruel, que não fazia reféns e que já havia feito incursões no Reino do Norte, Israel, de onde Jonas era proveniente. Como todos os judeus, provavelmente Jonas odiava os assírios, e em especial os ninivitas, que eram os moradores da cidade. De repente, então, Deus diz a Jonas: "Vá pregar lá em Nínive, na Assíria!". A mais provável reação de Jonas foi: "Deus, tudo menos isso. O Senhor pode pedir o que quiser, mas ir pregar na Assíria aos ninivitas?!".

Assim, percebemos que há no livro uma luta entre os sentimentos de um homem que teme a Deus e sabe que ele é real, mas que também odeia seus inimigos. Em seu íntimo, ele entendia que não era justo Deus perdoar os ninivitas. Pela ótica de Jonas, Deus poderia perdoar qualquer um, mas não um assírio. "Esse povo é mau! Eles mataram muita gente! E eu sei que, como o Senhor é bom, perdoará todos eles por meio da minha pregação. Logo eu para pregar para os assírios?!".

Jonas lutava com seu senso de justiça que lhe dizia que os assírios tinham de pagar pelos seus pecados. Entretanto, esse senso de justiça não é privilégio de Jonas. Às vezes esse mesmo sentimento está em nosso coração, não é mesmo? Você até fica com raiva quando determinadas pessoas se convertem: "Poxa, aquele cara fez de tudo;

traiu a mulher, abandonou os filhos e traficou drogas. Mas agora aparece crente? Não é justo uma pessoa fazer tanta coisa errada e depois se converter!". Esse pensamento já não passou pela sua mente? Jonas lutava com seu desejo de vingança. Ele queria, na verdade, que Deus ateasse fogo em Nínive como fez com Sodoma e Gomorra. Diz o texto que ele saiu da cidade e ficou olhando de longe, de camarote, esperando o fogo cair do céu sobre ela. Esse é um sentimento que às vezes está presente no nosso coração, pois achamos que determinada pessoa, por ter nos ferido profundamente, não merece perdão ou a chance de um recomeço. Passamos a pensar que seria injusto se essa pessoa fosse abençoada ou perdoada.

Jonas lutava com sua falta de perdão. Ele não queria perdoar os ninivitas, e o livro todo expõe a briga do profeta com esse sentimento. Por que então Jonas o escreveu? Desconfio que, depois da última lição, ele tenha se arrependido, embora não relate esse fato. O livro termina em aberto, e os estudiosos se perguntam a respeito disso, pois dessa forma Jonas é apresentado como o vilão da história. No entanto, já li comentários que afirmam que Jonas voltou para sua terra (lembrando que Nínive ficava a 800 quilômetros do local de origem do profeta), escreveu tudo o que havia acontecido e deixou o final em aberto de propósito, pois a pergunta que encerra seu relato, na verdade, é dirigida ao leitor: "E não teria eu compaixão da grande cidade de Nínive...?" (Jn 4.11).

Em outras palavras, é como se Deus dissesse: "Será que não posso ter compaixão das pessoas das quais você não gosta?". O livro é, de fato, um apelo e um desafio ao leitor para que se torne compassivo como o Pai e para que estenda às pessoas a mesma misericórdia que Deus estendeu a cada um de nós. Jonas foi salvo de morrer afogado — pois Deus mandou um peixe para salvá-lo —, mas não queria conceder salvação aos ninivitas. O livro termina em aberto e nos sugere a seguinte pergunta: "Você vai ser como Deus ou como Jonas?".

Soberania e compaixão

Ao registrar sua história, Jonas escolhe falar de alguns temas centrais, e dois deles transparecem no decorrer de seu relato. O primeiro é a soberania de Deus sobre toda a criação: tudo nesses quatro capítulos obedece a Deus (menos o autor do livro!). Jonas diz o seguinte no primeiro capítulo: "... Eu sou hebreu, adorador do SENHOR, o Deus do céu, que fez o mar e a terra seca" (1.9). O vento obedece a Deus (1.4; 4.8), o mar obedece a Deus (1.15), o peixe obedece a Deus (1.17; 2.10), a planta obedece a Deus (4.6-8) e a lagarta obedece a Deus (4.7), mas o crente não!

Só isso já é uma grande lição. Que povo teimoso somos nós! O livro chega a ser quase irônico. Todas as pessoas na narrativa obedecem a Deus; mesmo os marinheiros e os ninivitas se curvaram diante do Senhor, exceto Jonas — e no final do livro o profeta está com raiva!

O segundo tema é a grande compaixão de Deus não somente pelo seu povo em Israel, mas também, por exemplo, pelos marinheiros que clamaram quando perceberam quem era o Deus que estava por trás da tempestade. Eles clamaram, Deus os atendeu e eles o serviram. Quem sabe esses marinheiros também não se levantarão com os ninivitas no dia do juízo para acusar aqueles de nós que sucumbiram à incredulidade e à teimosia? Deus teve compaixão dos assírios, mas também teve compaixão do profeta. Que paciência Deus demonstrou para com Jonas! Esse livro é chamado às vezes de "o evangelho da segunda chance". Moisés não teve uma segunda chance: Deus o mandou falar à rocha, mas como ele bateu em vez de falar, não pôde entrar na Terra Prometida (Nm 20.7-12). Jonas, no entanto, desobedeceu, mas Deus foi atrás dele e lhe disse: "Jonas, vamos começar tudo de novo. Desta vez, você *vai* a Nínive". Nem todos receberam uma segunda chance como Jonas.

Outro tema presente na narrativa de Jonas é seu caráter profético e messiânico, que não podemos deixar de observar. A estada de três dias no ventre do peixe simboliza o sepultamento de Jesus por igual período. A libertação do ventre do peixe é uma analogia com a ressurreição de Cristo. O arrependimento dos ninivitas é uma prévia da conversão dos gentios e do dia do juízo. Jonas é um tipo de Cristo.

Um último tema a ser notado é a condenação velada dos israelitas da época de Jonas, que viviam na idolatria. Os ninivitas pagãos se arrependeram, mas os israelitas permaneceram endurecidos, até que Deus mandou os exércitos assírios e babilônicos como juízo sobre eles.

Conclusão e aplicações

Esse livro nos desafia ao nos confrontar com perguntas como: Nós somos como Deus? Temos compaixão das pessoas ao nosso redor? Mostramos misericórdia às pessoas ao nosso redor, mesmo que elas sejam o que são? Somos como Jonas, desobedientes e recalcitrantes? Não estou perguntando se somos crentes, porque Jonas era. Não poucas vezes, no entanto, aqueles que dizem temer e conhecer a Deus são rancorosos e lutam com um falso senso de justiça que apenas revela orgulho e arrogância. Eles esquecem a misericórdia de Deus na própria vida e têm dificuldade de perdoar os outros, bem como de orar para que Deus seja misericordioso com o próximo. Frequentemente, queremos que Deus abençoe somente as pessoas das quais gostamos. Mas esse não é Deus; sua compaixão vai além dos limites das nossas predileções. Ele é Deus não somente dos judeus, mas de toda a terra, incluindo os assírios. Porém, é claro, os assírios precisam ouvir, converter-se e crer nele para que sejam salvos.

E nós, que compaixão demonstramos pelas pessoas ao nosso redor? Cremos em Deus e em seu poder? Cremos na ressurreição do nosso Senhor Jesus?

Que possamos dizer a Deus: "Senhor, não quero ser como esse profeta, porque quero te obedecer logo da primeira vez; desejo ser um instrumento de misericórdia na vida de outras pessoas, mesmo daquelas que eu acho que não merecem. Meu julgamento, ó Deus, é humano e errado, mas tu és Deus e, da mesma forma que tiveste compaixão de mim, podes ser compassivo com quem quiseres. Usa-me para levar o teu amor e o teu evangelho a todas as pessoas, mesmo àquelas das quais não gosto".

CAPÍTULO 2

COM JONAS NO BARCO TUDO VAI MUITO MAL

Jonas 1

O capítulo inicial de Jonas nos conta como Deus perseguiu o profeta rebelde e o levou de volta para um novo começo. Nesse capítulo, podemos observar também o poder soberano de Deus sobre as forças da natureza, sobre os seres vivos e sobre os homens. Tudo obedece a Deus... menos o profeta! O amor soberano de Deus, sua santidade e sua misericórdia são contrastados com a teimosia rebelde de seu filho Jonas. Quão atual é esse capítulo!

A palavra do Senhor veio a Jonas, filho de Amitai: Vai agora à grande cidade de Nínive e prega contra ela, porque a sua maldade subiu até mim.

Jonas, porém, fugiu da presença do Senhor, na direção de Társis. Descendo para Jope, achou um navio que ia para Társis, pagou a passagem e embarcou nele, a fim de ir para Társis, fugindo da presença do Senhor.

A COMPAIXÃO DE DEUS

Mas o Senhor *enviou um forte vento sobre o mar, e caiu uma tempestade violenta, de modo que o navio estava a ponto de se despedaçar. Então os marinheiros tiveram tanto medo, que cada um clamou ao seu deus. E atiraram a carga do navio no mar, para deixá-lo mais leve. Mas Jonas havia descido ao porão do navio; e, tendo-se deitado, dormia profundamente.*

O capitão dirigiu-se a ele e disse-lhe: Que fazes tu dormindo? Levanta-te, clama ao teu deus; talvez assim ele se lembre de nós para que não morramos.

E cada um dizia ao seu companheiro: Vinde e lancemos sortes, para sabermos quem é o culpado por essa tragédia que nos sobreveio.

Então lançaram sortes, e a sorte caiu sobre Jonas. Então lhe disseram: Declara-nos agora, por culpa de quem nos sobreveio esta tragédia. Que ocupação é a tua? De onde vens? Qual é a tua terra? E de que povo tu és? Ele lhes respondeu: Eu sou hebreu, adorador do Senhor, *o Deus do céu, que fez o mar e a terra seca.*

Então os homens ficaram com muito medo e disseram: Que é isso que fizeste? Os homens sabiam que ele fugia da presença do Senhor, *pois lhes havia contado.*

Ainda lhe perguntaram: Que te faremos, para que o mar se acalme? Pois o mar ia se tornando cada vez mais tempestuoso. Ele respondeu: Pegai-me e lançai-me ao mar, e ele se aquietará; pois sei que esta grande tempestade vos sobreveio por minha causa.

Entretanto, os homens se esforçavam com os remos para voltar a terra; mas não conseguiam, porque o mar ficava cada vez mais violento. Por isso clamaram ao Senhor *e disseram: Nós te rogamos, ó* Senhor!

Que não morramos por causa da vida deste homem, e que não nos culpes pelo sangue inocente; porque tu fizeste o que te agrada, ó SENHOR.
Então pegaram Jonas e o lançaram ao mar; e o mar cessou a sua fúria. Os homens temeram o SENHOR *com grande temor; então ofereceram sacrifícios ao* SENHOR *e fizeram votos.*
Então o SENHOR *preparou um grande peixe para que engolisse Jonas; e ele ficou três dias e três noites no ventre do peixe.*

Em nosso primeiro capítulo, vimos que a mensagem central de Jonas, ao contrário do que muitos pensam, refere-se a Deus e sua grandeza, soberania e compaixão. O profeta escreveu esse livro com o objetivo de mostrar como experimentou a soberania e a misericórdia de Deus em sua vida. Ele fala de como desobedeceu a Deus em um primeiro momento, de sua luta com seu próprio senso de justiça em relação aos ninivitas e de sua falta de misericórdia. O livro termina com uma imagem nada favorável de Jonas e a pergunta de Deus: "Você teve misericórdia dessa plantinha, mas não quer que eu tenha misericórdia dessa grande cidade?".

Jonas inicia seu livro narrando que Deus lhe apareceu e ordenou que fosse a Nínive para pregar contra ela. Não sabemos como se deu essa visão. Jonas era um profeta conhecido em Israel, pois havia profetizado a respeito da expansão geográfica da nação, o que realmente aconteceu durante o reinado de Jeroboão II (2Rs 14.25). Assim, Jonas era um profeta já estabelecido e reconhecido em Israel, e a palavra de Deus vinha por meio dele.

Em uma de suas visões, no entanto, Jonas ouviu algo que não estava disposto a ouvir e muito menos a obedecer. Deus o chamou para pregar sobre seu juízo em Nínive, principal cidade da Assíria. Como já vimos, a Assíria era o reino que estava despontando no cenário mundial como a próxima potência, e naquele momento histórico estava em guerra contra o Egito.

A nação de Israel, que era apenas uma pequena peça naquele jogo de tabuleiro, havia sido deixada momentaneamente de lado e gozava de certa paz. Deus, então, queria que Jonas fosse até Nínive, o coração desse império emergente, para clamar contra a cidade, pois sua maldade havia subido até ele.

Nínive contava naquela época, segundo o texto bíblico, com cerca de 120 mil pessoas que não sabiam discernir entre a mão direita e a esquerda (Jn 4.11). Alguns acreditam que esse número se refira apenas a crianças e que, portanto, a população de Nínive deveria ser algo em torno de seiscentas a setecentas mil pessoas. Era, de um modo ou de outro, uma cidade muito grande, que ficava oitocentos quilômetros ao norte de Israel, o que significava um longo percurso a ser percorrido por Jonas para entregar a mensagem do Senhor (algo que também contava a favor da má vontade dele).

A razão pela qual Deus queria que Jonas fosse a Nínive (lembrando que esse foi o único profeta a pregar a palavra de Deus fora de Israel) era que a "malícia" da cidade havia chegado até ele (v. 2, ARA). "Malícia", no hebraico, pode significar maldade, e faz mais sentido: os assírios eram extremamente perversos, o que pode ser ilustrado pela atrocidade com a qual matavam e torturavam suas vítimas de guerra.

Com certeza aquela maldade tão conhecida havia finalmente provocado a ira de Deus; e Deus — que não é Senhor somente da nação de Israel, mas de todas as nações — ficou indignado com os assírios, embora eles não o adorassem e talvez nunca tivessem ouvido falar dele. Isso não quer dizer, no entanto, que Deus não era também Senhor deles e que não teriam de responder por sua conduta.

Ofendido em sua justiça e verdade, Deus decide chamar um profeta que o conhece para avisar a cidade de que ele traria juízo contra ela, ainda que seus habitantes não o conhecessem. Isso mostra que Deus se importa; ele vê as guerras e as atrocidades que ocorrem hoje, por exemplo, no Oriente Médio. Ele não está inerte. Não conhecemos todos os seus caminhos, mas podemos confiar, com base na revelação bíblica, que Deus sabe o que está acontecendo e que, no tempo dele e à maneira dele, haverá de fazer justiça, seja aqui ou no dia do juízo. Nós podemos confiar nisso e apenas nisso.

Este foi, então, o chamado de Jonas: ele deveria ir à "capital" do império mais perverso da época para anunciar o juízo de Deus contra seus habitantes. Naquele momento, Jonas fez o que eu e você provavelmente teríamos feito se tivéssemos recebido uma incumbência dessas: ele fugiu. O texto diz que Jonas queria fugir da presença do Senhor (v. 3). É muito estranho que um profeta hebreu, o qual sabia que Deus está em todo lugar, tenha imaginado que poderia fugir da presença de Deus.

Assim que recebeu a ordem divina, Jonas passou a viajar no sentido contrário a Nínive. Se você olhar o mapa à medida que lê o texto, verá que Jope, a cidade para onde Jonas se dirige, é o porto mais próximo de

Jerusalém. Então, a princípio, a viagem foi de Jerusalém a Jope, e Nínive ficava para o lado oposto. Chegando a Jope, Jonas quis ir a Társis, uma cidade bem distante, cuja localização mais provável era ao sul da Espanha, a centenas de quilômetros de Nínive. Esta foi, portanto, a reação do profeta ao chamado de Deus: dirigiu-se de Jerusalém para Jope e de Jope para Társis.

Impossível não ficar intrigado com o motivo que teria levado Jonas a tomar essa decisão. Ele não era um profeta de Deus? Como é que resolveu desobedecer tão abertamente a seu Senhor? Mais adiante, logo depois de ver que Deus decidiu não destruir Nínive, veja o que ele diz: "... Ah! SENHOR! Não foi isso que eu disse quando ainda estava na minha terra? Por isso é que fugi depressa para Társis, pois sabia que és Deus compassivo e misericordioso, paciente e cheio de amor, e que te arrependes do mal" (4.2).

É como se dissesse: "Veja, Senhor, eu sabia desde o começo. Se eu fosse pregar naquela cidade, aquelas pessoas se arrependeriam e o Senhor as perdoaria, mas eu não quero que elas se arrependam. Eu quero que o Senhor destrua aquele povo, e foi por isso que fugi. O Senhor é bom até demais! Ter misericórdia dos assírios? Perdoar esse povo que tanto mal fez à sua nação? Eles estão crescendo e vão nos esmagar, e o Senhor resolve ter misericórdia deles?! Esse povo não merece! Eu acho que o Senhor está errado, mas, como não posso brigar, vou fugir. Não conte comigo".

Esse é o raciocínio de Jonas, e ele simplesmente vai embora achando injusto que o Senhor perdoasse os assírios. Típico do ser humano, não é mesmo? Ficamos escolhendo quem Deus pode perdoar ou não, e dizemos assim: "Deus precisa perdoar esta turma da qual eu gosto. Mas aquela turma de lá, não. Essa não merece, não pode e eu não quero. Deus pode perdoar quem ele quiser, desde que seja quem *eu* quiser". Essa é a expressão de um desejo que sabemos que, com mais frequência do que gostaríamos, caracteriza nosso coração.

E lá se foi Jonas; pagou a passagem e entrou no navio rumo a Társis. No entanto, Deus diz: "Você não vai se livrar tão fácil assim, não! Você não é o dono de sua própria vida, mas sim um servo meu". Deus começa, então, a perseguir Jonas (v. 4-17). Primeiro envia uma tempestade, que tem início não muito tempo depois da partida do porto de Jope, e em seguida lança um forte vento sobre o mar (v. 4).

Os marinheiros obviamente já estavam acostumados às intempéries do mar, mas aquele fenômeno parecia excepcional; por não ser um local muito longe da terra, uma tempestade daquela magnitude era surpreendente. Os marinheiros perceberam que aquela não era uma tempestade normal. O navio estava a ponto de se despedaçar (v. 4), e a tripulação reagia cheia de medo (v. 5). E, como sabemos, "na hora em que o pitbull se solta, não existe ateu"! Logo cada um começou a clamar pelo seu deus. A situação estava muito feia e só piorava, e ali, desesperados, os marinheiros começaram a lançar fora as cargas que estavam no navio — uma providência naturalmente tomada por homens do mar nessas situações, para aliviar o peso e evitar que o barco afundasse com tanta facilidade.

Enquanto isso, o único crente do barco se dirigiu ao porão e se deitou. Diz o texto que Jonas dormia profundamente. Parece que conflitos internos como "Será que eu fiz a coisa certa?" ou "Será que eu não deveria obedecer a Deus?" não perturbavam a mente de Jonas. Como naquela época ainda não existiam os remédios de hoje para combater a insônia, concluímos que o sono de Jonas era natural.

Os homens que estavam no barco eram provavelmente fenícios, conhecidos como excelentes marinheiros na época. Tratava-se de uma nação constituída por navegadores. No entanto, diante da tempestade enviada por Deus, esses mesmos marinheiros experimentados mostravam-se aterrorizados, e então clamaram aos seus deuses. Havia muitos deuses na Fenícia, uma nação caracterizada também pelo politeísmo.

A tormenta continuava a agitar o navio, até que o capitão descobriu que alguém lá dentro do barco estava faltando na "reunião de oração" (v. 6). Ele desceu ao porão, e lá estava Jonas dormindo. O capitão imediatamente tratou de acordá-lo: "Como é que você consegue ficar assim nessa situação? Invoca o teu deus; quem sabe ele se lembre de nós!". É claro que aqueles marinheiros ainda não tinham a mínima noção de quem era o Deus verdadeiro. Eles sabiam que Jonas tinha suas crenças, porque naquela época todos acreditavam em algum deus (hoje também, pois muitos acreditam no deus dinheiro, no deus sexo, no deus "eu mesmo", no deus partido político etc.), e na hora do desespero cada um se agarrava ao seu. Essa foi a lógica do mestre do navio.

Como as coisas continuavam piorando, os homens concluíram que um dos deuses estava bravo com alguém ali, pois aquela tempestade com certeza tinha uma causa sobrenatural. Como descobrir qual passageiro havia provocado a ira de seu deus? Naquela época, acreditava-se que bastava lançar sortes para que fosse possível descobrir o responsável por qualquer coisa. Mesmo os judeus acreditavam que Deus controlava esse sistema, a ponto de revelar a sua vontade por meio dele. Então, chegou a hora de lançar a sorte. A essa altura, eles já sabiam que havia algum poder por trás da tormenta, que, além de devastadora demais, surgira no local e na época do ano errados. Apenas uma causa sobrenatural poderia explicar tamanha adversidade. Quem teria atraído aquele mal? Enfim, os homens lançaram a sorte, que caiu sobre quem? Jonas.

Não sabemos quantas pessoas havia a bordo. Os estudiosos fazem o seguinte cálculo: uma vez que a viagem de Jope para Társis era longa, o navio deveria ter porte médio. Estamos falando, então, de cerca de cem pessoas, entre tripulantes e passageiros. Na hora de lançar sortes (não sabemos como era o processo), o nome de Jonas foi o indicado. As atenções logo se voltaram para o profeta israelita. Sabe aquela sensação que temos quando, de repente, todos nos olham ao mesmo tempo? Jonas estava na berlinda.

O texto esclarece o que vem depois. "Então lhe disseram: Declara-nos agora, por culpa de quem nos sobreveio esta tragédia. Que ocupação é a tua? De onde vens? Qual é a tua terra? E de que povo tu és? Ele lhes respondeu: Eu sou hebreu, adorador do SENHOR [no texto em hebraico, a palavra é Yahweh, o nome próprio de Deus revelado a Abraão, Isaque, Jacó e Moisés], o Deus do céu, que fez o mar e a terra seca. Então os homens ficaram com muito medo..." (v. 8-10).

Quero chamar sua atenção para o seguinte: geralmente, na Bíblia, quando os autores bíblicos se referem a Deus como criador, eles afirmam que Deus fez os céus, a terra e o mar (na sequência, o mar vem por último). Jonas, porém, aparece aqui dizendo que acreditava no Deus que fez o mar e a terra. A pergunta é: "Será que ele pensava que escaparia pelo mar do Deus que fez o mar?". Era um profeta sem noção (como diríamos hoje), não é mesmo? Com sua fala, Jonas enfatizou que estava tentando fugir do Criador do mar, revelando assim aos homens do barco que era esse Deus que estava por trás da tempestade.

Essa declaração fez o pavor dos marinheiros aumentar mais ainda, pois o texto informa que eles já estavam com muito medo desde o começo (v. 5). Não era uma divindade qualquer que estava por trás da tempestade, mas sim o Deus criador do mar, da terra e dos céus. Os marinheiros, muito assustados, disseram a Jonas: "... Que é isso que fizeste?..." (v. 10). E o mesmo versículo prossegue informando que "... os homens sabiam que ele fugia da presença do Senhor, pois lhes havia contado".

Deus faz o que quer

Além de dizer quem ele era e o Deus a quem temia, Jonas disse: "Estou aqui porque estou fugindo desse Deus. Ele me chamou e me deu uma missão, e agora, por minha causa, essas coisas estão acontecendo". Perceba que os marinheiros temeram mais a Deus do que o próprio profeta.

E assim veio o castigo de Jonas (então, completamente consciente): "Ainda lhe perguntaram: Que te faremos, para que o mar se acalme? Pois o mar ia se tornando cada vez mais tempestuoso. Ele respondeu: Pegai-me e lançai-me ao mar, e ele se aquietará; pois sei que esta grande tempestade vos sobreveio por minha causa" (v. 11,12). Jonas era um homem crente, temente a Deus. Quando foi flagrado e finalmente percebeu que sua atitude colocara em risco a vida e a integridade de outras pessoas, assumiu toda a responsabilidade. Ele conhecia a Deus e sabia que tudo o que vinha ocorrendo até ali era obra dele. Sabia também que o Senhor não o deixaria se safar tão facilmente quanto ele queria. Jonas viu a mão de Deus e percebeu que o Altíssimo estava atrás dele com aquela tempestade.

O profeta então disse: "Se vocês me jogarem no mar, tudo isso vai acabar", pois ele julgava que Deus queria acabar com a sua vida (jogar Jonas no mar no meio daquela tempestade obviamente equivaleria a matá-lo). Mas aí, por incrível que pareça, os marinheiros não quiseram fazer isso. Diz o texto: "Entretanto, os homens se esforçavam com os remos para voltar a terra; mas não conseguiam, porque o mar ficava cada vez mais violento" (v. 13).

É por isso que podemos afirmar que a tempestade não ocorreu muito longe do porto: uma vez que os marinheiros tentaram remar para voltar a terra, pois não queriam matar Jonas. No entanto, eles não conseguiram, pois o mar se tornava cada vez mais agitado. Deus estava por trás daquela tempestade, e quem é o homem para afrontar os planos do desígnio dele?

Diante do insucesso de levar o profeta de volta à segurança, os marinheiros começam a clamar a Deus pedindo que ele não os fizesse perecer pela vida de Jonas: "... Nós te rogamos, ó SENHOR! Que não morramos por causa da vida deste homem, e que não nos culpes pelo sangue inocente; porque tu fizeste o que te agrada, ó SENHOR" (v. 14). Finalmente, os marinheiros entenderam: Deus faz como ele quer! Ele não é como uma divindade fenícia, que poderia ser comprada, ludibriada, dobrada ou convencida mediante rituais, ofertas ou qualquer outra coisa. Eles perceberam que o Deus de Jonas era um Deus soberano e que não adiantava querer lutar contra ele. Jonas foi, finalmente, lançado ao mar (v. 15), que se acalmou na mesma hora. Veja como os marinheiros reagiram: "Os homens temeram o SENHOR com grande temor; então ofereceram sacrifícios ao SENHOR e fizeram votos" (v. 16).

Não sabemos se esses sacrifícios aos quais o texto se refere foram feitos no navio (o que é improvável); o mais provável é que tenham sido feitos depois da volta a Jope. Pode ser que esses marinheiros tenham se convertido, pois tiveram uma demonstração do verdadeiro Deus, fizeram votos a ele e o serviram, o que é uma antecipação da misericórdia que Deus exerceria para com Nínive.

Jonas também experimenta essa mesma misericórdia, pois, ao cair na água e começar a afundar, o Senhor envia um grande peixe para engoli-lo e mantê-lo em seu ventre por três dias e três noites (v. 17). Costumamos pensar, ao ler a história desse profeta, que o fato de ele ser engolido por um peixe nada mais era que um castigo; contudo, na verdade, aquilo foi a exata demonstração da misericórdia de Deus. Esse peixe, como um protótipo de submarino, veio *salvar* Jonas, fechando-o dentro de si.

É claro que foi necessário um milagre para que Jonas sobrevivesse no fundo do mar dentro de uma criatura que nós não sabemos bem qual ou como era. Pode ter sido, por exemplo, uma baleia cachalote, que é capaz de engolir um homem, ou até mesmo um tubarão-baleia, mas fato é que se tratava de uma criatura que conseguiu engolir o "profeta fujão", e dentro dela ele sobreviveu.

    Podemos aprender preciosas lições com esse primeiro capítulo do livro de Jonas. Primeiramente que Deus é soberano sobre toda a criação; como afirmei, o livro é a respeito de Deus. Ele é mostrado aqui como Yahweh, o Deus dos céus, onisciente e criador de todas as coisas. Porque é Deus, ele vê o pecado do povo da Assíria e as iniquidades dos moradores de Nínive e requer que eles se arrependam. Todo ser humano deve curvar-se diante dele, mesmo que não conheça seu nome.

    Esse relato de apenas quatro capítulos deixa bem claro que Deus controla as circunstâncias. Como vimos no capítulo 1, o vento e a tempestade vieram na hora certa, do mesmo modo que as sortes caíram sobre Jonas. Deus domina todas as coisas e nada foge à sua vontade. Ele controla o vento, a tempestade, o peixe e tudo mais que há no mundo.

    Esse primeiro capítulo de Jonas também mostra a compaixão de Deus. O profeta desobedeceu e, em sua rebelião, decidiu ir embora. Deus poderia tê-lo esmagado, se quisesse; todavia, em vez disso, pacientemente foi atrás de Jonas e, no caminho, aproveitou para salvar um barco cheio de fenícios idólatras. Em busca do profeta, ele exerceu misericórdia para com os pagãos.

    Outra coisa que o texto nos mostra é que, em sua compaixão, Deus vai atrás daqueles que lhe desobedecem e procura trazê-los de volta. Já mencionei, no capítulo anterior, que o livro de Jonas é chamado de "o evangelho da segunda chance" do Antigo Testamento. Como vimos, Deus não deu uma segunda chance a Moisés, por exemplo, mas deu a Jonas, que teve outra oportunidade para fazer o que era certo.

Conclusão e aplicações

Quais atitudes devemos ter diante do que foi exposto? Em primeiro lugar, creio que devemos aprender a descansar nosso coração na soberania do Deus que conhecemos, servimos e tememos, pois ele é o soberano Senhor de toda a terra. Até mesmo a tempestade ou o fato de Jonas ser lançado ao mar (acontecimentos que pareciam indicar o fim) estavam sob o controle de Deus, que "... faz com que todas as coisas concorram para o bem daqueles que o amam..." (Rm 8.28).

Pode ser que Jonas, no meio daquela tempestade, sentindo que havia errado diante de Deus, tenha dito a si mesmo ao ser jogado ao mar: "Este é o meu fim". No entanto, aquele era o começo, pois Deus estava no controle. Repito as palavras do apóstolo Paulo: todas as coisas cooperam para o bem daqueles que amam a Deus. Todavia, esse bem ao qual essa passagem de Romanos se refere nem sempre diz respeito ao nosso conforto, a nossa saúde, a nossa segurança ou algo que desejamos, mas sim àquilo que é bom para nós, nos prepara para a vida eterna, forja nosso caráter e nos ensina a ser cristãos.

Deus usa todas as situações para operar em sua vida; portanto, descanse nele. Se você estiver no meio de uma tempestade ou dentro do ventre de um peixe (figuradamente, é claro), descanse seu coração, pois Deus está no controle. Ainda que você não possa ver o final da história (assim como Jonas não via), Deus é soberano.

Entretanto, há ainda outra aplicação prática que podemos extrair da leitura desse capítulo: Pare de tentar fugir de Deus! Não estou me referindo àqueles que foram chamados por Deus para serem missionários ou pregadores e resolveram seguir outro caminho. Não penso que os ensinamentos do livro de Jonas possam ser aplicados a esses casos. A lição é que não há como fugir da presença de Deus. Se você sabe o que é certo e o que precisa ser feito, não adianta procrastinar ou justificar-se.

Não ceda à tentação de fugir; antes, busque ter um encontro com esse Deus, que é misericordioso. Ele teve misericórdia de Jonas, dos marinheiros fenícios e de Nínive. Eu não sei a qual distância você está de Deus. Talvez você ainda esteja em Jope, a meio caminho de Társis, ou já se encontra em Társis. No entanto, onde quer que você esteja, ele é Deus, e você não pode fugir dele. Diga a Deus: "Senhor, eis-me aqui. O que está acontecendo é responsabilidade minha, pois sei o que é o certo a se fazer e estou demorando a fazê-lo. Mas hoje venho dizer-te: quero fazer o que tem de ser feito".

A melhor atitude é sempre a que teve esse profeta crente, mas teimoso. Ele disse: "Eu sei que tudo isso é minha culpa". Note que ele não culpou os assírios, os ninivitas, os israelitas, os marinheiros ou o próprio Deus; ao contrário, disse: "Foi por minha causa". A Bíblia toda ensina que Deus tem compaixão do contrito, quebrantado e arrependido que reconhece os seus pecados.

Como pastor, depois de uns anos, comecei a desenvolver uma espécie de detector de confissões falsas. Por exemplo: "Pastor, de fato eu adulterei, *mas*...", ou "Pastor, de fato eu fui desonesto, *mas*...". Esse "mas" geralmente vem acompanhado de "ela provocou" ou "você já viu a situação financeira do país?". Sei que atenuantes podem existir, mas raramente confissões desse tipo nascem de corações quebrantados.

Jonas, ao contrário, reconhece sua culpa e resolve enfrentar as consequências: "Podem me jogar no mar!". Se você se aproxima de Deus com essa atitude, não importa a confusão na qual esteja metido: a misericórdia dele vai alcançá-lo. Ele vai ajudá-lo a sair da situação.

Todos somos pecadores, mas atitudes como essa podem nos manter na presença desse Deus misericordioso, o qual, no ato supremo de sua compaixão, nos enviou seu filho para ser nosso Redentor.

CAPÍTULO 3

DO VENTRE DO PEIXE

Jonas 2

No segundo capítulo de sua obra, Jonas recorda os momentos que passou ao afundar nas profundezas do mar e ser salvo por Deus, que preparou um peixe para engoli-lo e retê-lo em seu ventre por três dias. Das profundezas, o profeta eleva sua voz ao Senhor, a quem havia desobedecido, reconhece seu pecado e suplica a misericórdia do Altíssimo:

> *Do ventre do peixe, Jonas orou ao* SENHOR, *seu Deus, e disse: Clamei ao* SENHOR *na minha angústia, e ele me respondeu; do ventre do Sheol gritei, e tu ouviste a minha voz. Pois me lançaste nas profundezas, no coração dos mares, e a corrente das águas me cercou; todas as tuas torrentes e ondas passaram por cima de mim. Eu disse: Fui expulso da tua presença; como poderei ver o teu santo templo novamente? As águas me cercaram até a alma, o abismo me rodeou, e as algas se enrolaram na minha cabeça. Afundei até os fundamentos dos montes; a terra me aprisionou para*

sempre com as suas trancas; mas tu fizeste subir a minha vida da sepultura, SENHOR, meu Deus. Eu me lembrei do SENHOR quando minha vida desfalecia; e a minha oração chegou a ti, no teu santo templo. Os que se apegam aos ídolos inúteis afastam de si a misericórdia. Mas eu te oferecerei sacrifício com voz de ação de graças; pagarei o meu voto. A salvação pertence ao SENHOR. O SENHOR deu ordens ao peixe, e este vomitou Jonas na terra.

Vimos até agora que Jonas é um livro que registra o tratamento de Deus para com esse profeta. Sabemos que Jonas era conhecido em Israel, pois havia profetizado os anos de muita prosperidade que a nação estava vivendo (2Rs 14.25). Além do período de prosperidade, Israel vivia um tempo de muita idolatria. Nos livros dos Reis, podemos ver que havia constante repreensão da parte de Deus, por meio de seus profetas, do culto aos bezerros de ouro em Samaria e a outros deuses que havia na nação de Israel. Esses bezerros haviam sido introduzidos por Jeroboão no santuário de Samaria com o objetivo de impedir que o povo fosse a Jerusalém adorar a Deus (1Rs 12.25-33).

Jonas vivia nesse contexto quando Deus o chamou para ir a Nínive a fim de anunciar sua palavra ao povo assírio. Como sabemos, isso era inusitado, já que ele foi o único profeta do Antigo Testamento a receber esse tipo de missão, isto é, pregar para outra nação.

O Senhor queria que Jonas fosse até a "capital" da Assíria e anunciasse que ele havia notado os pecados daquela nação (e particularmente de Nínive) e que, se não houvesse arrependimento, ele destruiria a cidade.

Apenas isso. Na mensagem pregada por Jonas (veremos no capítulo 3), na qual ele afirma que Nínive será "subvertida" (3.4, ARA), o termo traduzido por "subverter" é o mesmo usado em Gênesis quando Deus enviou fogo e enxofre sobre Sodoma e Gomorra, destruindo-as (Gn 19.25, ARA). Para Jonas, aquela missão era muito difícil, porque os assírios eram o poder emergente no horizonte político mundial, como já vimos. Eles já haviam alcançado grandes conquistas naquela região e estavam em luta contra o Egito naquele momento, e, mesmo que tivessem deixado Israel em paz durante aquele período, seu alvo era o domínio mundial. Jonas sabia que, mais cedo ou mais tarde, aquela nação haveria de vir contra a sua, e Israel não tinha nem teria condições de sair vitoriosa de um confronto dessa natureza, com tamanha desigualdade militar.

Deus se incomodou com a maldade e perversidade dos assírios na guerra, pois seus soldados eram cruéis e torturavam seus capturados. Jonas 1.2 mostra como Deus comunicou isso ao profeta: "Vai agora à grande cidade de Nínive e prega contra ela, porque a sua maldade subiu até mim". Os assírios já haviam feito algumas incursões militares nos territórios de Israel (isso pode ser lido em 2Rs 15—19), e, aparentemente, em alguma delas Jonas se sentira prejudicado. Há até mesmo teorias de que parentes de Jonas teriam sido mortos pelos assírios.

Todos esses fatores ajudam a explicar a reação do profeta. Quando Deus diz "Vá a Nínive", Jonas corre para o lado oposto, em direção a Társis, uma cidade que ficava no sul da atual Espanha. Ele sabia, e veremos isso no quarto capítulo de seu livro, que, se os ninivitas se arrependessem, Deus os perdoaria. Jonas, no entanto, não queria que isso acontecesse, pois não considerava os ninivitas dignos de perdão. Por ele, Deus atearia fogo naquela cidade e acabaria com aquele povo. E, porque não queria o perdão de Deus para os ninivitas, o profeta simplesmente fugiu da presença do Senhor.

Entretanto, vimos no capítulo anterior que Jonas não conseguiu se livrar tão facilmente de sua missão. O Deus criador do mar, da terra e dos céus foi atrás dele. O primeiro capítulo termina com Jonas sendo lançado ao mar pelos marinheiros do navio no qual ele havia planejado escapar.

O profeta foi jogado ao mar e começou a afundar. O capítulo 2 registra a oração feita por ele, quando, após quase se afogar, viu-se na barriga de um grande peixe e percebeu que fora salvo dessa forma. Muitos que leem o livro de Jonas pensam que o peixe é um castigo enviado por Deus ao profeta fujão, mas, pelo contrário, esse animal misterioso é sua salvação. Na barriga do peixe, o profeta ora e adora a seu Senhor.

Ao final de todos os acontecimentos em Nínive, Jonas volta para a sua terra e registra os episódios no livro que agora estamos estudando. Ao relatar sua história, ele retrata o momento em que orou a Deus no ventre do peixe fazendo uma descrição dos seus sentimentos e chegando a uma conclusão a respeito da salvação. É disso que trata o segundo capítulo de seu livro.

Algumas pessoas questionam o motivo pelo qual Jonas decidiu escrever esse capítulo em forma de poesia. De fato, se observarmos bem, o gênero literário do capítulo 2 difere muito dos outros três capítulos, escritos em forma de prosa.

Muitos já estranham o livro de Jonas por causa dos acontecimentos sobrenaturais, e a forma literária do segundo capítulo reforça ainda mais esse tipo de sentimento.

No entanto, eu pergunto: após retornar à sua terra, que dificuldade teria Jonas de escrever sua oração em forma de um salmo? Esse capítulo é muito parecido com o gênero literário bíblico que conhecemos como salmo de livramento. Um salmo desse tipo geralmente começa com um pedido de socorro, faz uma descrição do problema e inclui um agradecimento (se você quiser conferir alguns salmos de livramento, sugiro que leia os salmos 18, 20, 30, 31, 34, 39, 66, 92, 103, 108, 116 e 118).

Por que Jonas registra sua oração usando essa forma? Minha resposta é que essa era a linguagem de todo israelita piedoso. O judeu estava acostumado a ir ao templo e ali ouvir e cantar salmos que falavam de coisas pessoais, de lamento, de socorro, de livramento etc. Jonas cresceu escutando esses salmos e os via como a maneira pela qual se expressavam os mais variados sentimentos.

Muito tempo depois, outro israelita, conhecido como Jesus de Nazaré, exclamou seus sentimentos na cruz do Calvário recorrendo a um dos salmos: "... Deus meu, Deus meu, por que me desamparaste?" (Mt 27.46; veja Sl 22.1). Essa era a linguagem do coração do judeu. Assim, não é de estranhar que Jonas, ao descrever os seus sentimentos no ventre do peixe, tenha feito isso no formato de um salmo. Portanto, o gênero literário do capítulo 2 não representa uma característica negativa para que deixemos de aceitar a integridade e genuinidade do livro.

Esclarecida a questão da linguagem utilizada nesse capítulo, cabe pensar em seu significado no contexto de Jonas. O capítulo 2 é importante porque mostra o arrependimento do profeta — mesmo que tenha sido um arrependimento com má vontade. A verdade é que nós, muitas vezes, temos de nos arrepender até dos nossos arrependimentos, de tão imperfeitos que eles são. A prova disso é que, depois desse tipo de arrependimento, não raro voltamos a fazer aquilo de que havíamos nos arrependido.

Assim, a essa altura da narrativa, encontramos um Jonas arrependido, mas nem tanto. No capítulo 4 veremos que, quando Deus perdoa os ninivitas, Jonas fica irado e parece esquecer-se da misericórdia que ele próprio havia experimentado ao ser salvo pelo peixe.

No entanto, não há como negar o fato de que as coisas acontecem dessa maneira, e basta a cada dia o seu arrependimento. Não é à toa que Lutero, ao escrever as 95 teses, escolheu como primeira a que diz que o cristão deve viver constantemente em estado de penitência, arrependimento e contrição. Jonas se arrepende no capítulo 2, mas vai precisar se arrepender novamente no dia seguinte e no outro, pois é um ser humano caído, e nós, assim como Jonas, facilmente tropeçamos. No dia que o Senhor voltar e formos ressuscitados, o pecado nos deixará para todo o sempre, mas, até lá, essa é a nossa luta.

O capítulo 2 também mostra que Deus ouve a oração daqueles que se arrependem e clamam a ele. Antes, os marinheiros clamaram a Deus na hora da tempestade; Deus os ouviu e os salvou. Aqui, Jonas clama a Deus, que o salva do fundo do mar. Posteriormente, no capítulo 3, os ninivitas clamam a Deus, e ele também os salva. Essa é a mensagem do livro: Deus ouve o coração penitente e contrito e vem em socorro daquele que o busca com sinceridade.

Essa passagem também tem como objetivo mostrar que, uma vez que Jonas havia experimentado a graça de Deus, ele deveria estar pronto para estender a mesma graça aos ninivitas, e essa é uma das grandes ironias do livro. No capítulo 2, Jonas experimenta a misericórdia de Deus, mas não quer que ela alcance os ninivitas no capítulo 3. Isso nos faz lembrar a parábola dos dois devedores contada por Jesus. Um servo devia milhares de talentos em peças de prata ao rei e não tinha como pagar essa dívida. Ele pede perdão a seu senhor e é perdoado, mas, ao sair do palácio, encontra um conservo que lhe devia cem denários. Ele então pega esse homem pelo pescoço e manda que o prendam até que pague a dívida (Mt 18.23-35).

Assim também era Jonas: ele foi perdoado e salvo por Deus, mas na hora de aceitar que Deus perdoaria também os ninivitas, ele resistiu. É por isso que o livro não tem um ponto-final, mas nos convida a refletir: Seremos como Deus, dispostos a perdoar até quem achamos que não merece, ou seremos como Jonas?

A salvação é do Senhor

O primeiro versículo quase que poderia ser tomado como um resumo de todo o capítulo 2: "Do ventre do peixe, Jonas orou ao SENHOR, seu Deus, e disse...". Note que Jonas não pede que Deus o livre do peixe; ao contrário, agradece por ter sido salvo pelo animal. A oração foi feita quando ele provavelmente já havia se conscientizado de que sobrevivera. É interessante que, antes de lançá-lo ao mar, o capitão do navio pede que Jonas invoque Deus, mas o profeta não o faz (1.6). No entanto, no fundo do mar, no ventre do peixe, ele resolve orar. Não estranhe, portanto, quando Deus o colocar no fundo do mar — isso pode acontecer a qualquer um que não tenha por prática invocar o seu nome.

Seguindo o texto, deparamos com o auge do clamor do profeta: "... Clamei ao SENHOR na minha angústia, e ele me respondeu; do ventre do Sheol gritei, e tu ouviste a minha voz" (2.2). Jonas cai no mar, começa a afundar e sente a angústia da morte, rumando cada vez mais para o fundo do abismo marinho. Nesse momento, Deus o salva, enviando o peixe.

Em seguida, temos uma descrição dos sentimentos e das angústias de Jonas. Ele tinha consciência de que o que estava lhe acontecendo era obra divina: "Pois me lançaste nas profundezas, no coração dos mares, e a corrente das águas me cercou; todas as tuas torrentes e ondas passaram por cima de mim" (v. 3). Jonas sabia que por trás da atitude dos marinheiros estava a vontade divina e que por trás de cada providência estava Deus; ele sentia que o Senhor o estava perseguindo.

E então, ao afundar, o profeta tem a sensação de estar separado de Deus: "Eu disse: Fui expulso da tua presença; como poderei ver o teu santo templo novamente?" (v. 4). A palavra "expulso", em hebraico, é a mesma empregada para os casos em que um homem se separava de sua mulher. Jonas se sentiu como uma mulher repudiada e expulsa de casa, como se Deus lhe tivesse dito: "Você chegou ao fim da linha, e não há nada mais que eu possa fazer". E ele continua descrevendo a sensação: "As águas me cercaram até a alma, o abismo me rodeou, e as algas se enrolaram na minha cabeça. Afundei até os fundamentos dos montes; a terra me aprisionou para sempre com as suas trancas; mas tu fizeste subir a minha vida da sepultura, SENHOR, meu Deus" (v. 5,6).

Na época de Jonas, acreditava-se que o lugar dos mortos ficava no fundo do mar. Quando ele diz: "... Clamei ao SENHOR na minha angústia, e ele me respondeu; do ventre do Sheol gritei, e tu ouviste a minha voz" (v. 2), o termo hebraico "Sheol" significa o "lugar dos mortos". Alguns, por essa razão, acham que Jonas chegou a morrer mesmo e que Deus o ressuscitou no ventre do peixe, e argumentam que isso deixaria o paralelo com a morte e a ressurreição de Cristo mais próximo.

Reforçando essa hipótese, Jonas diz que afundou "... até os fundamentos dos montes...", e, na visão hebraica, o lugar dos mortos ficava abaixo dos fundamentos dos montes, ou seja, debaixo do mar. Segundo essa crença, havia uma grande porta que, tão logo fosse atravessada, era fechada por um ferrolho, e ninguém jamais poderia sair de lá. Era assim que Jonas estava se sentindo: ele estava chegando ao fundo do mar, e a porta do Sheol estava se abrindo para recebê-lo.

Não creio na hipótese da morte de Jonas, mas acredito que ele teve uma experiência muito próxima da morte ao afundar no mar, a ponto de dizer que era assim que se sentia. O momento em que há uma virada na narrativa poética é introduzido pela conjunção "mas" (v. 6). Essa palavra provavelmente marca o instante em que o peixe vem e abocanha o profeta, subindo com ele. Jonas estava sendo sepultado no Sheol, mas o Senhor o fez subir.

E a oração prossegue: "Eu me lembrei do SENHOR quando minha vida desfalecia; e a minha oração chegou a ti, no teu santo templo" (v. 7). "Templo", nesse versículo, é o local da habitação de Deus. O clamor de Jonas chega ao Senhor, que envia a salvação por meio do peixe.

Os versículos seguintes registram três conclusões às quais Jonas chegou ao final daquela experiência. A primeira delas é: "Os que se apegam aos ídolos inúteis afastam de si a misericórdia" (v.8). O profeta entendeu que Deus é misericordioso e que os idólatras estavam abandonando sua misericórdia. Pode ser que ele estivesse falando dos marinheiros, mas, se fosse o caso, teria de acrescentar que, quando os idólatras se arrependem, também recebem a misericórdia de Deus.

Jonas, sabendo que seu livro seria lido pelos seus conterrâneos, provavelmente estava falando dos atos de idolatria da nação de Israel. É como se ele estivesse dizendo: "Meu povo, aprendi com essa experiência que adorar ídolos não é uma religião de pessoas ignorantes, mas sim bem-intencionadas; no entanto, essa prática não passa de rebelião contra Deus. Ele não aceita a adoração de imagens, qualquer que seja o pretexto: imagens de homens, mulheres, anjos ou quaisquer outras criaturas. Os que praticam a idolatria rejeitam a misericórdia de Deus".

Muitas pessoas dizem que alguns idólatras são sinceros de coração, mas não conhecem a verdade, e que na realidade eles querem adorar a Deus sem saber como. Não é isso o que a Bíblia diz. Quem pratica a idolatria rejeita o Deus misericordioso, e Jonas aprendeu isso. Ele viu que Deus é Deus acima de todos os deuses, e por isso fez questão de dizer aos seus compatriotas: "Parem de adorar ídolos ou de tentar chegar a Deus por intermédio deles, pois quem assim procede está rejeitando o Senhor de misericórdia. As duas coisas são incompatíveis".

A segunda conclusão de Jonas, na verdade, é uma promessa que ele faz a Deus: "Mas eu te oferecerei sacrifício com voz de ação de graças; pagarei o meu voto..." (v. 9). O profeta acredita que voltará a Jerusalém e lá oferecerá sacrifícios a Deus. A esperança entra outra vez em seu coração, e agora ele age como os marinheiros, que também fizeram votos e sacrifícios ao Senhor. Ele havia entendido, de fato, a misericórdia divina e seu domínio sobre todas as coisas.

A terceira e principal conclusão, a qual pode ser vista como o tema do livro todo, é a seguinte: "... A salvação pertence ao Senhor" (v. 9). Quem salva é Deus, e por isso ele salva quem quer; não é Jonas que vai dizer quem deve ser salvo. Aqui o profeta possivelmente tem um vislumbre da realidade de que Deus salvaria os ninivitas se assim desejasse, independentemente da vontade de Jonas.

A Deus pertence a salvação, e ele pode salvar a quem deseja, por meio da pregação da Palavra, da graça ou da fé no coração mediante o ouvir da Palavra de Deus. Às vezes, nós pensamos que Deus não pode salvar torcedores desse ou daquele time ou militantes do partido político A ou B, mas ele pode. No íntimo do nosso coração e de forma muito sutil, fazemos esse tipo de distinção, e alguns de nós chegam a ficar ofendidos porque um sujeito que fez coisas erradas a vida toda foi salvo com oitenta anos. Na cabeça de muitos, ele não merecia ser salvo, pois isso não é "justo" com os que sempre procuraram agir corretamente.

Muita gente pensa dessa maneira, isto é, como se a salvação fosse uma questão de justiça, e como se alguns

A COMPAIXÃO DE DEUS

a merecessem e outros não. Jonas, no entanto, ali no ventre do peixe começa a entender que a salvação pertence ao Senhor (o aprendizado do profeta não termina aqui — Deus ainda precisaria lhe dar mais uma lição, como veremos no capítulo final). É por esse motivo que não desanimamos de filhos desviados, de parentes nossos que estão na idolatria e ignorância, e mesmo do vizinho chato que fica tocando música alta a tarde toda no domingo, porque a salvação é do Senhor. Ele salva quem ele quer e no tempo dele, assim, jamais deveríamos dizer em relação a qualquer pessoa: "Esse aí nunca vai se converter".

No final da oração do profeta, somos informados de que "o SENHOR deu ordens ao peixe, e este vomitou Jonas na terra" (v. 10). Isso aconteceu provavelmente perto de Jope, o que significa que o profeta teve de voltar à estaca zero. Lá no porto de Jope há uma pedra em que se vê uma gravura, considerada muito antiga, de um homem na praia e um peixe no mar com a boca aberta. Alguns acreditam que data daquela época e que foi feita como registro da história de Jonas.

Algo que também nos chama a atenção nessa história é o fato de o peixe vomitar Jonas — que, aliás, devia ser um profeta intragável mesmo. Poucos atentam para a aflição daquele peixe, que por três dias teve de aguentar um homem em seu ventre. Já ouvi muitas pregações sobre Jonas, mas ninguém nunca fala do sofrimento do animal, que passou todo aquele tempo com um profeta indigesto em sua barriga.

Note que o texto não diz "cuspiu" ou "lançou", mas o verbo foi escolhido justamente para expressar ou a indignação de Deus para com o profeta, ou o modo em que

Jonas foi completamente humilhado e quebrantado (talvez até mesmo ambas as coisas!). O profeta saiu daquele peixe todo coberto de vômito, para que com isso Deus pudesse lhe dizer: "É isso que você é. Agora, vamos começar de novo".

Conclusão e aplicações

A salvação é do nosso Deus, e ela virá àquele que o busca. Os contritos e penitentes encontram-se em todo o livro de Jonas: os marinheiros, o próprio profeta e os ninivitas. O Senhor vai atender ao seu clamor. Não sei que situação ou dificuldade você está atravessando, mas o Deus de Jonas é o seu Deus; ele ouve a oração do contrito e arrependido, e vem em socorro daqueles que o buscam.

Creia nisso, pois essa é a nossa única esperança neste mundo. A nossa confiança não está em navios, navegadores experientes, reis, príncipes, políticos ou poderosos, mas no Deus que fez os céus, o mar, a terra e tudo o que neles há. É a ele que você deve clamar e é nele que deve confiar, não importa qual seja a provação ou a dificuldade pela qual você está passando agora.

O nosso Deus é o mesmo que, séculos depois de Jonas ter sido resgatado das profundezas do mar por um peixe, tirou seu Filho do ventre da terra, dando-lhe vida e o exaltando como nosso Salvador. O Deus de Jonas é o mesmo que diz: "Creia em meu Filho e você será salvo". É isto que ele espera que você faça: que o busque na sua angústia, colocando diante dele o seu pecado, a sua culpa e a sua necessidade de perdão. Creia que ele haverá de atendê-lo.

E Deus nos atende mediante a morte e ressurreição de seu Filho, do qual Jonas é uma prefiguração. Podemos traçar o paralelo da angústia de Jonas, preso no ventre do peixe por três dias e três noites, com o sacrifício do Filho de Deus, perfeito, sem pecado, preso no ventre da terra e morto pelos nossos pecados. Por causa da sua iniquidade e da minha, e para que não tenhamos de experimentar as angústias eternas do inferno, ele morreu. Em razão disso, nós não precisaremos passar por esse sofrimento. A angústia de sermos separados de Deus e lançados fora de sua presença já foi experimentada por aquele que foi amaldiçoado em nosso lugar. O Senhor Jesus passou por todo aquele sofrimento na cruz para que você, pela fé nele, seja perdoado por Deus, e para que, depois de sua morte, você esteja na presença dele junto com Jonas e todos os outros que clamaram ao Deus único e verdadeiro durante a vida neste mundo.

Não há nenhuma razão para você terminar de ler este capítulo sem estar reconciliado com Deus. Esse Deus se oferece a você em todo tempo por meio da pregação do evangelho, para que você se reconcilie com ele, como Jonas fez, ainda que na barriga de um peixe.

CAPÍTULO 4

O MAIOR AVIVAMENTO DO MUNDO

Jonas 3

O terceiro capítulo de Jonas narra a história extraordinária do maior avivamento espiritual de que se tem notícia. Jonas relata como foi a Nínive e pregou a mensagem que Deus lhe ordenara. Os ninivitas creram na palavra do profeta e toda a cidade, desde o rei até seus moradores mais pobres, curvou-se diante do Deus de Israel. E Deus não os castigou como disse que faria. O arrependimento dos ninivitas foi mais tarde mencionado pelo Senhor Jesus que, assim, validou o relato historicamente e o tornou referência de arrependimento verdadeiro.

A palavra do SENHOR veio a Jonas pela segunda vez: Vai agora à grande cidade de Nínive e proclama a mensagem que eu te ordeno. Jonas foi imediatamente para Nínive, segundo a palavra do SENHOR. Nínive era uma cidade grande, e se levava três dias para percorrê-la. Jonas começou a percorrer a cidade por um dia, clamando: Nínive será destruída daqui a quarenta dias. Os habitantes de Nínive creram em Deus e decretaram um jejum; e vestiram-se de pano de saco, do mais rico ao mais pobre.

A notícia também chegou ao rei de Nínive; ele se levantou do trono e, tirando o manto, cobriu-se de pano de saco e sentou-se sobre cinzas. Então fez uma proclamação e a publicou em Nínive, por decreto do rei e dos seus nobres: Que nem homens, nem animais, nem bois, nem ovelhas provem coisa alguma; não comam, nem bebam água; mas sejam cobertos de pano de saco, tanto os homens como os animais, e clamem com fervor a Deus; e cada um se converta do seu mau caminho e da violência de suas mãos. Talvez Deus se volte, arrependa-se e afaste o furor da sua ira, de modo que não morramos.

E Deus viu o que eles fizeram, como se converteram do seu mau caminho; então arrependeu-se do castigo que lhes enviaria e não o executou.

A partir do primeiro versículo desse capítulo, Jonas começa tudo de novo. Após experimentar a misericórdia de Deus e aprender que não se pode fugir dele, Jonas (ainda que meio a contragosto) dispõe-se a fazer a vontade do Senhor. Isto resume o capítulo 3: o registro da pregação de Jonas e do arrependimento dos ninivitas, mostrando que Deus é um Deus que perdoa.

Como sempre, há pessoas dispostas a levantar dificuldades em relação ao texto bíblico. Desde o surgimento da alta crítica (ou crítica bíblica), e cerca de trezentos anos passados na esteira do Iluminismo, alguns teólogos e estudiosos têm se dedicado a encontrar erros e problemas na Bíblia com o objetivo de dificultar ou diminuir a fé e a confiança que as pessoas têm no registro sagrado.

Já mencionei o fato de vários estudiosos considerarem o livro de Jonas inverídico, e, como já dito, o que respondemos a essas pessoas é que a dificuldade delas é com Deus, porque, quando cremos no Deus bíblico que criou os céus, a terra e o mar, não temos o menor problema em aceitar esse relato como histórico e factual.

Chegando a esse ponto da narrativa, no entanto, surgem três questões, duas das quais tentam desacreditar o texto bíblico — a outra é apenas uma curiosidade. A primeira pergunta é: Em que língua Jonas pregou?

Jonas era israelita e falava hebraico, enquanto os ninivitas eram assírios e falavam aramaico; então, como o profeta se comunicou com aquele povo? Basta um pouco de boa vontade para achar uma resposta.

De imediato, podemos dizer que o uso de um intérprete seria uma possibilidade. José, no Egito, usava intérpretes para falar com seus irmãos (Gn 42.23). Jonas poderia ter um intérprete junto de si. Além disso, existe uma semelhança muito grande entre o hebraico e o aramaico. Em Isaías 36.1-11, lemos o relato de como, algum tempo depois dos episódios ocorridos no livro de Jonas, os enviados do rei da Assíria chegaram às portas de Jerusalém e começaram a proferir ameaças em hebraico. Os assírios foram então avisados, naquele momento, de que não precisariam falar em hebraico, porque os nobres enviados pelo rei Ezequias entenderiam o aramaico.

O grande problema é que muitos "estudiosos" parecem nunca ter lido a Bíblia e apenas repetem acriticamente coisas que são consideradas falhas no texto bíblico. Se você estiver estudando em uma universidade e for confrontado a respeito de sua fé com argumentos como "a Bíblia é um livro cheio de erros", peça a quem falou isso uma lista de questionamentos aos quais você possa contrapor com respostas. Você verá que, na maioria das vezes, as pessoas estão tentando achar chifre em cabeça de cavalo.

O segundo questionamento é o seguinte: Como um evento dessa natureza não aparece no registro da história dos assírios? Temos hoje à disposição, por causa dos esforços arqueológicos, placas cuneiformes com relatos dos feitos assírios, e, de fato, não consta nesses registros a história presente em Jonas 3. No entanto, isso pode ser explicado de várias maneiras. Primeiramente, o registro assírio é muito inconsistente, pois narra determinado período, omite séculos, depois retoma os registros, em geral, concentrando-se em contar as vitórias dos reis.

Além disso, um escritor assírio que estivesse registrando a história de Nínive dificilmente narraria esse período vergonhoso para a Assíria, em que os habitantes da capital se converteram ao Deus de outro povo, considerado inferior. É o que se chama de revisão da história. Quem escreve a história são os vencedores, e, da mesma forma que não encontramos o relato de Jonas nos registros assírios, não encontramos a história da saída dos judeus do Egito na história egípcia.

Até hoje é assim. Por exemplo, quando a história da Reforma protestante é relatada, muitas vezes recorre-se a uma explicação segundo a qual Lutero queria muito se casar, e, como na Igreja Católica isso não era permitido, ele então teria desencadeado um movimento social que o favorecesse. Você já deve ter ouvido seu professor de história dizer isso.

Outra objeção interessante levantada por algumas pessoas é que não há registros desse episódio nos tabletes de argila assírios. Contudo, elas se esquecem de que o livro de Jonas também é um registro com milhares de anos. Por que só vale o que está registrado no tablete assírio e não o registro dos hebreus? Podemos notar o preconceito logo de saída. Para muitos, o que vier da Bíblia, do cristianismo ou de uma religião já é algo a se ignorar como fonte histórica.

Há uma terceira questão importante, que não é uma pergunta cética e sim uma dúvida bastante sincera: Quanto tempo durou tudo isso? Vimos que os ninivitas se arrependeram e passaram a adorar a Deus, mas não fomos informados de quanto tempo esse arrependimento durou. A resposta que damos é que infelizmente não durou muito. Cerca de trinta anos depois desse episódio, o rei da Assíria chamado Pul comandou seus exércitos em uma invasão a Israel. Algum tempo depois, outro rei, chamado Senaqueribe, também ameaçou conquistar Israel (a história dessa invasão está em Isaías 36).

Logo depois do livro de Jonas, temos na Bíblia os livros dos profetas Miqueias e Naum. Este último começa da seguinte forma em algumas versões: "Sentença contra Nínive. Livro da visão de Naum" (ARA). Aí já não há mais esperança para Nínive e, por meio do profeta, Deus anuncia a destruição da cidade, que veio a ocorrer por intrermédio dos persas e dos babilônios, anos depois.

O que lemos em Jonas 3, então, é a narrativa de um avivamento localizado e de pouca duração. A misericórdia de Deus para com uma geração inteira de ninivitas teve seu efeito extraordinário, mas a conversão desse povo não durou muito tempo. Muitas vezes é o que ocorre com os avivamentos espirituais. São movimentos impressionantes de Deus, restritos ou não a determinadas regiões e nos quais é possível verificar, às vezes em menos de trinta dias, o que jamais fora observado em trinta anos. Com certeza são ações do Espírito Santo capazes de gerar a conversão e a transformação de centenas de milhares de pessoas, mas podem se encerrar depois de algum tempo. Como diz a Escritura, Deus faz como lhe apraz.

Assim, podemos dizer que o arrependimento de Nínive durou muito pouco tempo, mas o pouco que durou valeu a pena, a ponto de Jesus falar a respeito da conversão dos ninivitas.

Profecia, arrependimento, conversão e misericórdia

O capítulo 3 pode ser dividido em quatro partes: (1) Deus chama Jonas uma segunda vez (v. 1,2); (2) Jonas obedece e vai pregar em Nínive (v. 3,4); (3) os ninivitas creem em Deus, se arrependem e se convertem (v. 5-9); e (4) Deus resolve não destruir a cidade como disse que destruiria (v. 10).

Sabemos, pelo exemplo de Moisés, que nem todos recebem uma segunda chance. No entanto, o profeta mal-humorado do qual estamos falando recebeu uma nova chance pela misericórdia de Deus, que estava determinado a fazer sua palavra chegar a Nínive por intermédio de Jonas.

O nosso Deus é compassivo e misericordioso, e a mensagem que ele envia a Jonas continua a mesma: "Vai agora à grande cidade de Nínive e prega contra ela, porque a sua maldade subiu até mim" (1.2). Deus queria que Jonas anunciasse que ele haveria de destruir a cidade, porque seus habitantes, em sua malícia e violência, tinham provocado a ira do Senhor todo-poderoso. Devemos lembrar que Deus não era Rei apenas de Israel, mas de todo o mundo, assim como o é hoje.

Jonas, então, obedece e vai pregar em Nínive. Da primeira vez, ele havia se levantado para fugir, mas agora se levanta para obedecer. Esse é o efeito da disciplina: Deus nos castiga e nos corrige exatamente para nos ensinar a obediência. O profeta havia aprendido a lição e não estava disposto a desafiar a Deus uma segunda vez.

No versículo seguinte, o texto traz uma descrição da cidade de Nínive: "... era uma cidade grande, e se levava três dias para percorrê-la" (v. 3). Em algumas versões, lemos que se tratava de "... uma cidade muito importante diante de Deus..." (ARA), que é um hebraísmo para dizer que era uma cidade muito grande. A arqueologia descobriu vestígios de Nínive que confirmam o texto bíblico: ela era toda murada e cortada por um afluente do rio Tigre (que foi mais tarde utilizado pelos persas para invadir a cidade). Sua muralha era grossa o suficiente para suportar sobre si o peso de três carruagens, uma do lado da outra, e a cidade estava repleta de construções imponentes, como, por exemplo, um zoológico. Nínive foi chamada de "cidade-rainha" pelo profeta Naum (Na 2.7, ARA), pois era uma das maiores cidades daquela época, e Jonas fora convocado a dirigir-se a ela.

A COMPAIXÃO DE DEUS

O profeta, então, começa a pregar a seguinte mensagem de apenas seis palavras em hebraico: "Nínive será destruída daqui a quarenta dias". Imagine a cena: um hebreu estranho (alguns historiadores até especulam que, por causa do tempo que ele passou no ventre do peixe, o suco gástrico teria descorado sua pele, tornando-o alguém asqueroso de olhar) percorrendo a cidade e dizendo a todos os habitantes que ela seria destruída em quarenta dias pelo Deus a quem ele servia. Durante um dia Jonas faz isso.

Algo na mensagem de Jonas deu a entender aos ninivitas que havia a possibilidade do perdão, possibilidade deixada clara por Deus também em Jeremias 18.7,8, em que se lê: "Se em algum momento eu falar em arrancar, derrubar e demolir uma nação ou um reino, e aquela nação contra a qual eu falar se converter da sua maldade, também eu me arrependerei do mal que planejava fazer-lhe".

Foi assim o resultado da pregação de Jonas: por incrível que pareça, os ninivitas creram em Deus! (v. 5-9) Se pararmos para pensar, Jonas não estava lá de boa vontade. Ele era um estrangeiro em Nínive e portava uma mensagem curta de juízo e de condenação. De certa forma, era para ter dado tudo errado. Eu até considero que Jonas tenha pregado dessa forma de propósito para que ninguém se convertesse.

O profeta não tinha amor algum pelos ninivitas; ele queria mais é que aquela cidade fosse destruída por Deus. Por isso, é quase inacreditável que, com esse mensageiro e nessas circunstâncias, os habitantes de Nínive tenham crido em Deus.

Quando as pessoas falam de avivamento, infelizmente o foco muitas vezes é direcionado para o pregador. É como se a conversão de pessoas dependesse da "unção" do responsável por entregar a mensagem de Deus. Jonas não tinha unção nenhuma (a não ser, talvez, a do cheiro que o peixe deixou nele) e, mesmo assim, protagonizou o maior avivamento do Antigo Testamento.

Deus usou um profeta mal-humorado e de intenções duvidosas para entregar uma mensagem de juízo e condenação, que foi pronunciada em uma língua enrolada por um estrangeiro. Por quê? Porque Deus sempre quer deixar claro que a glória é dele. É Deus quem converte, e não o pregador ungido; e Deus o faz por meio de quem ele quiser e quando ele quiser.

É claro que não podemos desprezar os meios: devemos orar, nos preparar e anunciar a palavra de Deus, mas, ainda sim, depois de termos feito tudo isso, continuamos sendo incompetentes e inúteis diante de Deus. Ele usa quem ele quer. Esse é o nosso Deus, e a glória dele não será dividida com ninguém.

Os ninivitas creram que o Deus de Jonas era o criador dos céus e da terra e que era maior do que os deuses assírios (os quais eram muitos). Eles creram que Deus era poderoso o suficiente para cumprir o que estava dizendo, ou seja, destruir a cidade (como já mencionamos, a expressão traduzida pela palavra "subvertida" que encontramos em algumas versões do texto em português é encontrada também no texto que fala da destruição de Sodoma e Gomorra).

Portanto, o que Jonas estava anunciando era provavelmente a destruição de Nínive com fogo e enxofre, e os ninivitas creram que o Deus de Jonas era poderoso para fazer isso. E porque creram, eles agiram: "Os habitantes de Nínive creram em Deus e decretaram um jejum; e vestiram-se de pano de saco, do mais rico ao mais pobre" (3.5). O jejum e os panos de saco eram costumes dos orientais que queriam demonstrar contrição e luto.

Não sabemos como, mas a mensagem se espalhou por todos da cidade: velhos e crianças, homens e mulheres, pobres e ricos foram atingidos pela palavra de Deus e estavam em profunda agonia de alma. Na providência de Deus, uma pessoa ia contando para a outra, e de repente a cidade inteira ficou sabendo.

Estima-se que Nínive tinha cerca de quinhentas a seiscentas mil pessoas, e entre elas 120 mil crianças ("... pessoas que não sabem discernir entre a mão direita e a esquerda..." [4.11]). Nessa cidade enorme houve esse movimento extraordinário do Espírito. Na história da igreja, vemos coisas desse tipo acontecendo, como, por exemplo, na Inglaterra, durante o chamado Segundo Grande Avivamento, quando cidades inteiras se converteram e, em consequência, até mesmo bares e prostíbulos foram fechados. Há também relatos recentes de avivamento nos Estados Unidos e na África do Sul.

Aliás, estive recentemente na região do avivamento que ocorreu entre os zulus, em 1966, e que durou cerca de dez anos. Lá foi construído um templo para cerca de dez mil pessoas. A história de Hudson Taylor, missionário na China, também fala de avivamentos impressionantes, ou podemos citar a história do avivamento no País de Gales, ocorrido entre 1904 e 1905, o maior do século 20.

É claro que essa não é a única forma de Deus trazer

transformação, mas de vez em quando na história ele realiza avivamentos, e há muitas ocasiões assim. Eu tive o privilégio de prefaciar o livro *O pentecoste coreano*, de William Blair e Bruce Hunt,[1] que narra o grande avivamento na igreja presbiteriana da Coreia, em 1910, que fez com que a denominação de lá se tornasse a maior do mundo. Deus pode fazer isso, pois continua sendo o mesmo Deus que age poderosamente quando, como e onde quer.

É importante dizer que estou falando de avivamento verdadeiro, e não de "louvorzão", reunião de cura e *show gospel*. Avivamento verdadeiro é crença em Deus, mudança de vida, jejum, pano de saco, quebrantamento e arrependimento. É isso que devemos almejar.

O avivamento de Nínive começou pelo povo e chegou ao rei, que se levantou do seu trono, tirou sua roupa real (as roupas dos reis assírios eram de cor púrpura, bordadas de ouro e incrustadas de pedras preciosas), vestiu-se de pano de saco e sentou-se sobre cinzas, que é outro sinal de quebrantamento. O rei, então, chamou seus nobres e lhes incumbiu da proclamação de um decreto de quatro pontos: "... (1) Que nem homens, nem animais, nem bois, nem ovelhas provem coisa alguma; não comam, nem bebam água; mas (2) sejam cobertos de pano de saco, tanto os homens como os animais, e (3) clamem com fervor a Deus; e (4) cada um se converta do seu mau caminho e da violência de suas mãos" (v. 7,8).

Jejum, pano de saco, clamor e conversão — esse foi o decreto do rei. Está escrito que a conversão foi decretada por ele, mas, de certa forma, o rei apenas estava

---
[1] São Paulo: Cultura Cristã, 1998.

oficializando o que já havia acontecido, porque o povo já havia se arrependido e já estava clamando (v. 5). Ao fazer aquilo, o monarca estava confirmando: "Sim, é isso mesmo que vamos fazer".

O rei assírio então continua: "Talvez Deus se volte, arrependa-se e afaste o furor da sua ira, de modo que não morramos" (v. 9). Vejo essa declaração como um verdadeiro sinal de arrependimento. Quando uma pessoa está realmente arrependida do que fez, ela não chega a Deus e diz: "Olha, Deus, eu tenho direito ao perdão. Estou arrependido e você vai me perdoar. Estou te dando uma chance de me dar de volta o que é meu. Restitui!". Isso não é arrependimento!

Quem está de fato arrependido chega diante de Deus assim: "Senhor, será que existe esperança para mim? Será que o Senhor pode ter compaixão de mim, pecador? É justo que me envie ao inferno!", sem cobrar o seu direito. Essa pessoa se vê digna do inferno e contada entre os pecadores, sua atitude é: "Quem sabe Deus terá piedade de mim".

Se você está arrependido de seus pecados e quer se converter de seus maus caminhos, precisa chegar diante de Deus com uma atitude de humilde pecador pedinte, dizendo: "Tem misericórdia de mim, um pecador. Será que há perdão para mim? Tua compaixão pode me alcançar agora?". E, então, quem sabe Deus terá misericórdia de você.

Não somos nós que temos de dar uma chance a Jesus, mas é ele que decide nos dar uma chance. É ele que se dispõe a nos ouvir e nos atende conforme sua misericórdia. E ele, de fato, atende: "E Deus viu o que eles fizeram, como se converteram do seu mau caminho; então arrependeu-se do castigo que lhes enviaria e não o executou" (v. 10).

Deus contemplou a situação dos ninivitas. Perceba que o que levou Deus a se arrepender do castigo que traria sobre Nínive foi apenas um dos quatro pontos da proclamação do rei. Como diz o versículo: "... Deus viu o que eles fizeram, como se converteram...". Você pode jejuar, usar pano de saco, sentar nas cinzas e clamar, mas o que indica o verdadeiro arrependimento é a conversão dos maus caminhos; é mudar de vida, parar com o comportamento antigo e romper com as amarras do pecado.

Em relação ao relacionamento de Deus com o homem, a Bíblia sempre se refere às atitudes de Deus em termos humanos como arrependimento, tristeza, mudança de ideia etc. Esse é o tipo de arrependimento de Deus descrito aqui. No entanto, do ponto de vista da eternidade, tudo isso já estava em seus planos, e ele usou causas secundárias para concretizá-los. A mudança de ideia à qual a Bíblia se refere diz respeito à forma diferente de Deus tratar aquele que muda e aquele que não muda, pois quem se arrepende não é destruído e é recebido como filho, e quem não se arrepende é destruído. Foi assim que ele lidou com os ninivitas.

Passaram-se quarenta dias, e ficou claro que a destruição não viria. Como é que os ninivitas souberam que Deus não iria destruí-los? Creio que eles tenham esperado todos os dias com quebrantamento e tristeza. Depois desse tempo, houve duas reações diferentes e simultâneas: os ninivitas começaram a pular de alegria, enquanto Jonas ficou emburrado. É o que veremos no próximo capítulo.

Séculos depois, como vimos, Jesus se referiu à conversão dos ninivitas para confrontar a "... geração perversa..." que lhe pedia um sinal:

A COMPAIXÃO DE DEUS

Como a multidão aumentava, ele começou a dizer: Esta é uma geração perversa; ela pede um sinal, mas nenhum sinal lhe será dado, a não ser o de Jonas. Porque assim como Jonas foi um sinal para os ninivitas, também o Filho do homem o será para esta geração. A rainha do Sul se levantará no juízo contra os homens desta geração e os condenará, pois veio dos confins da terra para ouvir a sabedoria de Salomão; e aqui está quem é maior do que Salomão. Os homens de Nínive se levantarão no juízo contra esta geração e a condenarão, pois se arrependeram com a pregação de Jonas; e aqui está quem é maior do que Jonas (Lc 11.29-32).

No dia do juízo, aquela geração de ninivitas aparecerá ao lado de Jesus e servirá de testemunha de acusação contra todos que, ouvindo a palavra de Cristo, desde que ele esteve entre nós em forma humana até os dias de hoje, não se converteram dos seus maus caminhos e não se arrependeram. Naquele dia, quem vai julgá-los serão os ninivitas, aqueles pagãos idólatras que se converteram com a pregação de Jonas. E aqui está entre nós, em Espírito, aquele que é maior do que Jonas, o próprio Jesus Cristo, o qual nos fala por sua palavra e nos chama ao arrependimento e à mudança de vida.

Conclusão e aplicações

Diante de tudo o que acabamos de ver neste capítulo, podemos destacar alguns pontos acerca de Deus e de sua maneira de salvar pecadores. Primeiramente, a salvação é do Senhor e vem dele. Esse é o tema do livro de Jonas. Ele salva, transforma, muda e está disposto a receber pecadores arrependidos. Em segundo lugar, afirmo que, sem arrependimento, não há vida eterna e perdão; sem arrependimento, ninguém entrará no reino dos céus. Quem nos diz isso é aquele que é maior do que Jonas, e, da mesma forma que perdoou o profeta fujão, ele está disposto a perdoar pecadores como eu e você. Se do fundo do nosso coração reconhecermos nosso pecado e a justiça do juízo de Deus, pedindo misericórdia e ajuda para viver uma vida reta nele e oferecendo-nos para servi-lo, há virtude no sangue do Cordeiro para nos perdoar os pecados e nos transformar para sempre. Ouça o apelo que lhe chega agora por meio da palavra de Deus.

CAPÍTULO 5

A IRA DO HOMEM E A MISERICÓRDIA DE DEUS

Jonas 4

No último capítulo de Jonas, encontramos o profeta irado. Ele é confrontado pela misericórdia do Deus compassivo que perdoou Nínive. O livro termina em aberto, deixando o leitor com um questionamento: Deus pode perdoar quem ele quiser? Dessa forma, somos desafiados pelo livro a dar nossa resposta pessoal ao meditar na grandeza de Deus e no seu amor para com os pecadores perdidos.

> Jonas, porém, ficou extremamente contrariado e furioso. Então orou ao SENHOR e disse: Ah! SENHOR! Não foi isso que eu disse quando ainda estava na minha terra? Por isso é que fugi depressa para Társis, pois sabia que és Deus compassivo e misericordioso, paciente e cheio de amor, e que te arrependes do mal. Ó SENHOR, agora tira-me a vida, pois, para mim, morrer é melhor que viver.

A COMPAIXÃO DE DEUS

O SENHOR respondeu: É razoável essa tua ira? Então Jonas saiu da cidade e sentou-se ao oriente dela; ali armou uma tenda e sentou-se debaixo dela, à sombra, até ver o que aconteceria à cidade. O SENHOR Deus fez crescer uma planta acima de Jonas, para que lhe fizesse sombra sobre a cabeça, a fim de livrá-lo do seu incômodo. E Jonas ficou muito contente por causa da planta. Mas, no dia seguinte, ao nascer do sol, Deus enviou uma lagarta que atacou a planta, e ela secou. E aconteceu que, aparecendo o sol, Deus mandou um vento oriental quente; e o sol bateu na cabeça de Jonas, e, com toda a sua alma, ele desmaiou e desejou morrer, dizendo: Para mim, morrer é melhor que viver. Então Deus perguntou a Jonas: É razoável essa tua ira por causa da planta? Ele respondeu: É justo que eu me ire a ponto de desejar a morte. O SENHOR disse: Tens compaixão da planta, que não cultivaste nem fizeste crescer; que numa noite nasceu e na outra noite morreu. E não teria eu compaixão da grande cidade de Nínive, onde há mais de cento e vinte mil pessoas que não sabem discernir entre a mão direita e a esquerda, e também muito gado?

Como já vimos, Jonas tinha bons motivos para não ir a Nínive. Um deles era a fama dos assírios — que despontavam no horizonte como poder dominante no mundo de então — de serem verdadeiras máquinas de guerra. Deus estava enviando o profeta para pregar na terra dos inimigos de Israel. Outro motivo era o fato de Jonas entender que os ninivitas não mereciam ser salvos, pois eram um povo cruel, violento e idólatra, e ele não achava justo que Deus enviasse alguém até lá para pregar arrependimento, porque, com isso, havia a possibilidade de eles se arrependerem. Se os ninivitas se arrependessem, Deus os perdoaria, e Jonas não queria isso, pois, para ele, era absolutamente injusto que pessoas tão ruins recebessem o perdão divino. Ele, decididamente, não queria ser um instrumento para a misericórdia de Deus. Assim, em vez de andar oitocentos quilômetros em direção a Nínive, pegou um barco para viajar até Társis, 1.200 quilômetros na direção oposta. Esse era o plano do desobediente Jonas.

Vimos em nosso segundo capítulo como Deus foi atrás do profeta fujão, mandando uma tempestade próxima ao porto de Jope, na região em que estava o barco e onde não era comum esse tipo de fenômeno. Os marinheiros, descobrindo que havia a bordo um profeta que servia a certo deus (isto é, o próprio Deus) criador dos céus e dos mares, confrontaram Jonas. Este, então, pediu que os marinheiros o jogassem no mar, pois sabia que Deus estava atrás dele.

Finalmente, Jonas foi jogado ao mar e, enquanto afundava e sentia a agonia da morte, foi engolido por um grande peixe, o que, no fim das contas, representou sua salvação. Dentro do peixe, Deus deu tempo para que Jonas pensasse um pouco mais a respeito de sua misericórdia por ele, e, no tempo certo, o profeta foi vomitado na terra. Deus o colocou de volta nos trilhos para Nínive e, enfim, Jonas seguiu para seu destino.

O profeta se arrependeu e sentiu que, dessa vez, deveria atender ao chamado divino, mas ainda é notável a relutância em seu coração. No capítulo 3, lemos que

A COMPAIXÃO DE DEUS

Jonas pregou em Nínive, mas, pelo tom de sua pregação, ficamos com a impressão de que ele não queria que ninguém acreditasse em sua advertência. Foi uma mensagem curta, com pouquíssimas palavras, que anunciava o juízo de Deus sobre o povo assírio.

Para surpresa de Jonas, no entanto, o povo creu, e os ninivitas (incluindo o rei, que chegou a oficializar o sentimento das pessoas em um decreto) começaram a clamar a Deus, jejuar, usar panos de saco, sentar em cinzas etc. E, assim, a cidade inteira acabou se convertendo por meio da pregação de um profeta mal-humorado que, no fundo, não tinha intenção de que aquilo acontecesse.

No capítulo 4, lemos exatamente a reação de Jonas ao perceber que aquilo que ele não queria que acontecesse acabou por se concretizar: Nínive se converteu. O relato mostra também como Deus lidou com o profeta. Meu objetivo ao discorrer sobre esse capítulo é deixar claro como Deus pode tratar nosso coração em relação a mágoas, amargura, julgamento e falta de compaixão e amor para com as pessoas. Também desejo ressaltar como o Senhor se revela na Bíblia: um Deus misericordioso, clemente e compassivo, que atrai para si pecadores que buscam perdão e reconciliação.

Ao final da narrativa, Jonas figura como o vilão da história. Ele aparece com raiva porque Deus salvou uma cidade de aproximadamente seiscentas mil pessoas. No entanto, as evidências históricas nos levam a acreditar que Jonas se arrependeu posteriormente, percebendo seu erro e a forma que Deus o tratou. A prova desse arrependimento é que ele mesmo registrou de maneira clara seu próprio pecado, sem esconder sua luta contra a própria ira.

Depois de toda essa experiência, o profeta volta à sua terra e escreve o livro que conta a sua história. Contudo, ele deixa o livro em aberto, porque deseja que seus compatriotas israelitas respondam ao questionamento implícito no final de sua narrativa: Será que Deus não pode ter compaixão dos pagãos? Será que ele é Deus somente da nação de Israel? Será que não pode ter compaixão de quem quiser? Esse recurso literário foi usado exatamente para que você e eu, ao lermos esse livro, também sejamos confrontados com a falta de um epílogo, porque assim nós mesmos temos de responder e reagir à bondade de Deus para com pessoas que achamos que não merecem essa dádiva.

Logo no início do último capítulo de Jonas vemos a reação indignada do profeta. A passagem diz que ele ficou "... extremamente contrariado e furioso", provavelmente depois dos quarenta dias, pois a mensagem que ele havia pregado informava que Deus destruiria a cidade ao final desse prazo. Os ninivitas se arrependeram no primeiro dia e gastaram os outros trinta e nove se lamentando. Passados os quarenta dias, porém, não desceu fogo do céu, e os ninivitas certamente devem ter celebrado. Jonas, no entanto, percebeu que não havia ocorrido a destruição que ele tanto esperava.

Em algumas versões, o texto diz que Jonas "desgostou-se (v. 1, ARA)". No hebraico, isso quer dizer que o que havia acontecido era mau e errado aos olhos de Jonas, o qual, cheio de cólera, esqueceu-se do bem que Deus lhe havia feito ao enviar o peixe para salvá-lo da morte. Jonas não admitia que Deus fosse misericordioso com aqueles pagãos e os perdoasse.

A COMPAIXÃO DE DEUS

Quando estamos com muita raiva, geralmente não conseguimos orar e pensamos que Deus não ouvirá nossa oração (o que é um pressuposto falso; aliás, se há um momento em que você precisa orar, é justamente quando está com raiva). Mas Jonas, o profeta mal-humorado, apesar de extremamente irado e desgostoso, pelo menos ora a Deus: "... Ah! SENHOR! Não foi isso que eu disse quando ainda estava na minha terra? Por isso é que fugi depressa para Társis, pois sabia que és Deus compassivo e misericordioso, paciente e cheio de amor, e que te arrependes do mal" (v. 2).

Por essa oração podemos perceber que a raiva de Jonas se deve ao fato de ele ser contra quem Deus é. Preste atenção no que diz o profeta: "Eu sei que o Senhor é bom e que o Senhor perdoa, e por isso estou com raiva!". Ele achava que Deus deveria ser justo, vingativo e inflexível, e assim castigar sem compaixão os ímpios. No entanto, quando Deus se mostra compassivo, amoroso, misericordioso, clemente e perdoador, Jonas fica totalmente irado e diz: "... Por isso é que fugi depressa para Társis...".

Na continuação da oração, Jonas demonstra que não consegue encontrar mais razões para viver: "O Senhor perdoa quem quer e faz as coisas do jeito que quer, mas eu não concordo com a mensagem que o Senhor quer que eu pregue e não aceito sua misericórdia. A única solução para a minha vida é morrer, e como não vou me suicidar, então, faça alguma coisa para que eu morra. Quem dera eu tivesse afundado de vez no mar!".

Essa reação de Jonas nos é muito familiar. Não são poucas as vezes que ficamos irados, achando que a vida e Deus são injustos; que ele trata melhor as outras pessoas do que a nós e que os ímpios são mais abençoados do que os servos de Deus. Então, no fundo do nosso coração, desistimos de viver de maneira correta. Não são poucas as pessoas que fazem a oração de Jonas, dizendo: "Deus, eu não tenho razão nenhuma para continuar existindo, porque tudo em que acredito é o contrário do que o Senhor parece estar fazendo. Tira minha vida". E, infelizmente, há pessoas que buscam resolver essa questão por si próprias e, nesse desespero existencial, vão ao encontro da morte.

Jonas ao menos buscou a Deus no seu desespero e na sua raiva. A resposta de Deus não veio em forma de condenação ou crítica ao profeta, mas sim em forma de pergunta: "... É razoável essa tua ira?" (v. 4). É como se dissesse: "Está certo você ficar irado porque eu perdoo ou abençoo quem você não gosta? Existe base para você ficar assim?". Qual foi então a resposta de Jonas? Nenhuma: "Então Jonas saiu da cidade e sentou-se ao oriente dela; ali armou uma tenda e sentou-se debaixo dela, à sombra, até ver o que aconteceria à cidade" (v. 5).

Jonas simplesmente não respondeu; virou as costas, saiu da cidade, subiu um morro e armou uma tenda (não é de admirar, pois os israelitas estavam acostumados a fazer cabanas, já que uma vez por ano celebravam a Festa das Cabanas, festividade em que faziam habitações rústicas de galhos e folhas e moravam nelas por uma semana, a fim de lembrar o tempo de peregrinação no deserto).

O que se passava na cabeça de Jonas naquele momento? Talvez ele pensasse assim: "Deus já mudou de ideia uma vez: ele disse que destruiria Nínive e não o fez. Quem sabe ele não pensa melhor, percebe que estou certo e faz o que ele devia ter feito desde o começo!". É possível que Jonas, ao ouvir a pergunta de Deus, tenha erroneamente percebido um lampejo de esperança, achando que Deus talvez fosse avaliar o pensamento do profeta e finalmente decidir o que faria.

Jonas somos nós

Desse ponto em diante, é a vez de Deus tratar a ira do profeta. O texto bíblico conta como Deus fez crescer uma planta para abençoá-lo, pois, embora Jonas tivesse armado uma tenda, a temperatura naquela região era extremamente alta e o calor, escaldante, já que se tratava de uma região de semideserto, com poucas plantas. O texto diz: "O SENHOR Deus fez crescer uma planta acima de Jonas, para que lhe fizesse sombra sobre a cabeça, a fim de livrá-lo do seu incômodo..." (v. 6).

Não sabemos que planta era essa, e houve até uma disputa entre Jerônimo e Agostinho no quarto século acerca da tradução desse trecho. Agostinho achava que era uma videira (uma planta com folhas largas e muito comum na região), enquanto Jerônimo traduziu a palavra do original como aboboreira em sua versão em latim da Bíblia. Essa é uma das contendas mais interessantes na história da interpretação bíblica: dois gigantes da exegese não se entenderam quanto à classificação da planta do texto de Jonas (e aqui é possível perceber que os teólogos muitas vezes discutem por coisas que são extremamente irrelevantes para o nosso dia a dia...).

Independentemente de um eventual acordo entre os exegetas, fato é que se tratava de uma planta com uma folha grande o suficiente para proteger Jonas daquele calor insuportável de Nínive. O texto diz que o profeta "... ficou muito contente por causa da planta" (v. 6), o que não deixa de ser irônico, pois ele passou de um extremo ao outro muito rapidamente — parece que o tempo todo o coração de Jonas era um turbilhão de emoções.

Um fato curioso é que essa é a primeira e única vez em que Jonas aparece, de fato, feliz no livro. Quando Deus salvou os marinheiros, Jonas não ficou feliz; quando ele próprio foi salvo pelo peixe, sua oração não demonstrou tanta felicidade; quando os ninivitas se arrependeram, ele ficou irado. No entanto, o profeta se alegrou muito quando uma planta lhe trouxe benefício. Jonas é o tipo de pecador que eu e você somos: ficamos felizes quando a bênção é para nós e irados quando é para os outros. Quando Deus me abençoa e cuida de mim, fico extremamente alegre, mas, quando ele abençoa meus inimigos, fico irado na mesma proporção.

E ali estava Jonas, feliz da vida com sua plantinha. No entanto, a alegria do profeta mal-humorado durou pouco. Diz o texto: "Mas, no dia seguinte, ao nascer do sol, Deus enviou uma lagarta [provavelmente uma lagarta grande, preta e peluda, muito comum nessa região] que atacou a planta, e ela secou. E aconteceu que, aparecendo o sol, Deus mandou um vento oriental quente; e o sol bateu na cabeça de Jonas, e, com toda a sua alma, ele desmaiou e desejou morrer, dizendo: Para mim, morrer é melhor que viver" (v. 7,8).

Esse vento é conhecido nessa região como siroco. É um vento seco e quente que carrega partículas de areia e, quando passa, faz a temperatura subir tremendamente.

A COMPAIXÃO DE DEUS

Ou seja, Jonas, logo de manhã, experimentou o siroco e o sol forte sobre sua cabeça, sem que tivesse qualquer proteção das nuvens ou da planta que tanta felicidade lhe trouxera. O calor se tornou insuportável, mas sua plantinha de estimação estava morta pela lagarta; além disso, quem sabe, ele ainda tinha de suportar o barulho das celebrações dos ninivitas. Então, Jonas falou mais uma vez em morrer.

Percebemos aqui o padrão de uma pessoa que não sabe ser contrariada; uma pessoa que, por não conseguir lidar com a vida quando as coisas não saem como ela quer, parte para a ira e tem vontade de morrer. Esse é Jonas: "Eu vou chutar o pau da barraca! Não quero saber de mais nada: Deus, acaba comigo!". Esse é Jonas, e Jonas somos nós. Seu livro diz respeito a mim e a você, e é por isso que termina em aberto: para que leiamos a história e escrevamos o fim que consideramos mais adequado.

"Então Deus perguntou a Jonas: É razoável essa tua ira por causa da planta? Ele respondeu: É justo que eu me ire a ponto de desejar a morte" (v. 9). É como se Jonas dissesse: "O Senhor tirou tudo o que eu tinha e destruiu minha vida. Eu estava feliz lá em Jerusalém! Eu fugi, e o Senhor foi atrás de mim, destruindo aquele navio. Eu passei três dias no estômago de um peixe, e ainda estou fedendo a vômito! Depois disso, o Senhor me manda andar oitocentos quilômetros para pregar para pessoas que não merecem, e ainda por cima os perdoa! E, como se isso não bastasse, o Senhor me dá uma planta só para tirá-la de mim logo em seguida. Estou com muita raiva! Nada dá certo na minha vida. Qual é a razão da minha existência? Por que estou vivo?".

E Deus então questiona Jonas: "O Senhor disse: Tens compaixão da planta, que não cultivaste nem fizeste crescer; que numa noite nasceu e na outra noite morreu. E não teria eu compaixão da grande cidade de Nínive, onde há mais de cento e vinte mil pessoas que não sabem discernir entre a mão direita e a esquerda, e também muito gado?" (v. 10,11).

Jonas conseguia ter compaixão da plantinha. Será que Deus não podia ter compaixão de uma cidade inteira? Essa é a pergunta que Deus deixou para Jonas a fim de mostrar a incoerência de sua raiva, de sua decepção e de seu desejo de morrer.

O nosso Deus é esse mesmo Deus. Como já dissemos, não sabemos o motivo que levou Jonas a deixar o final de seu relato em aberto, mas o mais provável é que ele tenha feito isso porque entendeu os desígnios de Deus, arrependeu-se, voltou a Jerusalém e escreveu o livro para que cada um de seus compatriotas respondesse à pergunta de Deus: "Será que eu não posso ter compaixão de uma cidade de pagãos? Ou será que eu só tenho de ter compaixão de você e das pessoas que você acha que merecem?".

Já dissemos que o tema do livro é que a salvação pertence ao nosso Deus, e é assim que quero terminar este capítulo: com aplicações a respeito desse tema central.

Conclusão e aplicações

Talvez você esteja lendo este capítulo agora e esteja fugindo desse Deus porque tem um conceito errado a respeito dele. Talvez você tenha aprendido desde a infância que Deus é iracundo, distante e cruel, que ele tem prazer em fazer as pessoas sofrerem. E você, por ter consciência de que faz coisas erradas, sente medo da própria ideia de Deus ou de ter algum contato com ele. Tudo isso faz com que você o veja como um ser distante e tira sua coragem de chegar perto dele.

No entanto, meu desejo é que você mude sua compreensão conforme lê estas páginas, porque o Deus da Bíblia, o Pai do nosso Senhor Jesus Cristo, é compassivo, misericordioso e bom. Ele tem prazer em perdoar aqueles que o buscam e que se achegam a ele implorando o seu perdão; ele tem misericórdia de pecadores como você e eu. Ele teve compaixão dos marinheiros, de Jonas e dos ninivitas, e tem compaixão de todo aquele que vai a ele verdadeiramente arrependido.

Não fuja mais desse Deus, pois só nele você encontrará perdão, alívio para sua culpa, paz para você mesmo e o mais importante: paz com ele.

Talvez você pense que Deus é injusto pela maneira que tem sido tratado por ele. Pelos sofrimentos que você passou, pelos períodos difíceis, pelo casamento acabado, pelos filhos problemáticos, pelas dificuldades financeiras e pelas angústias e mais angústias que tem vivido. E talvez, diante disso, você pense que Deus não vem sendo nada justo em sua vida. Desejo, no entanto, que você olhe de novo para a história, mas desta vez, da perspectiva de Deus, e não da perspectiva de Jonas. Veja como, no final, Deus conduziu tudo para a sua glória e para o bem do seu povo.

No livro da sua vida, você pode ir para a última página e ver que o final é feliz. Deus vai triunfar, a justiça vai imperar, e o povo de Deus viverá com ele para todo o sempre, mediante Jesus Cristo, em novos céus e em uma nova terra onde habita a justiça (Ap 21.1-4). Há um final feliz determinado por Deus, e, para participar dessa história, o que o Senhor deseja é que você venha a ele, arrependa-se dos seus pecados do fundo do coração e reconheça sua necessidade de perdão e misericórdia de Deus na pessoa de Jesus Cristo, que derramou seu sangue na cruz do Calvário para nos salvar.

Talvez seu coração esteja amargurado ou ressentido em relação a alguma pessoa que lhe fez mal, foi injusta com você ou o fez sofrer. À semelhança de Jonas, você pode até dizer: "Eu não quero saber dessa pessoa", o que é uma versão mais branda da atitude do profeta. Mas quero que entenda a que ponto a ira e a mágoa podem levá-lo: a ponto de achar que Deus não é justo se ele abençoar aquela pessoa.

Neste momento, você pode chegar a Deus e dizer: "Senhor, eu quero perdoar os 'assírios' por todo o mal que eles me fizeram! Eu quero que o Senhor os abençoe e os salve", pois é isso que Jonas deveria ter dito. Você tem a oportunidade de perdoar a pessoa que lhe causou mal, seja seu colega de trabalho, seja um amigo, seja seu cônjuge.

Deus é quem sabe da sua história, mas estou certo de uma coisa: você não deve alimentar esse tipo de mágoa em seu coração, a ponto de dizer que a vida não vale a pena. Que Deus lhe dê sempre alegria e regozijo quando você vir pessoas chegando a ele e faça de sua vida um instrumento de perdão e reconciliação a anunciar o nome de Jesus, o nosso Salvador, o qual, ao morrer na cruz do Calvário por nós, disse: "... Pai, perdoa-lhes, pois não sabem o que fazem..." (Lc 23.34). Que essa seja a atitude constante do nosso coração!

CONSIDERAÇÕES FINAIS

Ao final desse livro, quero destacar alguns pontos que considero centrais em sua mensagem e que servem de resumo do que ele nos ensina.

Primeiro, o livro de Jonas nos ensina a soberania de Deus sobre toda a criação e todos os acontecimentos. Ele é Deus e faz o que lhe apraz. Assim, devemos aprender a descansar nele, pois sabemos que ele deseja o bem daqueles que são seus. Nem sempre isso pareceu claro a Jonas — especialmente quando Deus perdoou Nínive, os inimigos de Israel. Mas podemos aprender a confiar na fidelidade de Deus para com seu povo, mesmo quando não compreendemos seus caminhos.

Segundo, o livro nos ensina que somos responsáveis por nossos atos e decisões. Podemos escolher fugir para Társis. Contudo, aprendemos que Deus usa as decisões de suas criaturas para alcançar seus propósitos. Em outras palavras, não há como fugir de Deus. Jonas com certeza aprendeu isso muito bem. Ao final, a vontade de Deus haverá de triunfar para sua glória e para o bem de seu povo. Podemos então humildemente nos submeter à sua vontade revelada nas Escrituras.

Terceiro, o livro nos ensina a respeito da oração. Deus atendeu a oração dos marinheiros aflitos, atendeu a Jonas no ventre do peixe e atendeu os ninivitas quando clamaram por perdão. Que grande encorajamento para nós! Pouco antes de escrever essas palavras, li um artigo de um ex-evangélico, agora ateu, que diz que uma das coisas que o empurrou para o ateísmo foi a grande quantidade de orações não respondidas feitas por ele. Essa razão também é apresentada por muitos que hoje se declaram ateus. Contudo, conforme lemos no livro de Jonas, Deus atendeu a todos os que o buscaram arrependidos e contritos, mas nem sempre lhes deu uma resposta como queriam. Jonas certamente gostaria de sair do ventre do peixe e regressar para sua casa. Não foi bem isso o que aconteceu. Por vezes, Deus não responde, pois sua melhor resposta para aquele momento é o silêncio. É o silêncio de Deus que nos faz olhar dentro de nós mesmos e examinar a sinceridade de nossos pedidos. Contudo, segundo as Escrituras nos ensinam, ele não despreza um coração quebrantado e contrito. O livro de Jonas nos encoraja a orar e a buscar a Deus de todo coração.

Quarto, Jonas e sua história nos desafiam com a pergunta: Somos como Deus? Somos capazes de ter compaixão e perdoar nossos inimigos? Somos capazes de querer o bem deles e nos alegrarmos quando Deus os abençoa? A atitude teimosa e recalcitrante de Jonas no decorrer de todo o livro contrasta com a misericórdia de Deus e nos leva a esse questionamento. Frequentemente queremos que Deus abençoe apenas aqueles de quem gostamos e com quem nos relacionamos. Entretanto, misericórdia de Deus se estende por toda a terra.

Quinto, o livro de Jonas é cheio de histórias miraculosas, desde a estada do profeta no peixe até a planta que cresceu da noite para o dia. Aprendemos que Deus é todo-poderoso e pode fazer o que lhe apraz. Aprendemos também que os milagres relatados na história de Jonas, bem como nos demais livros da Bíblia, fazem parte do plano de Deus de salvar o homem mediante Jesus Cristo, seu Filho. Os grandes milagres relatados na Bíblia, como esses de Jonas, têm como objetivo revelar quem Deus é, a divindade de Jesus Cristo e a autenticidade da mensagem pregada pelos apóstolos. Em certo sentido, eles foram realizados de uma vez para sempre e cumpriram um determinado propósito dentro do projeto maior da história da salvação. Deus é o mesmo e seu poder não diminuiu com os séculos. Contudo, ele agiu de diferentes maneiras em diferentes etapas da redenção. Todos os milagres nos quais precisamos crer e que são necessários para nossa fé estão registrados de maneira inspirada e infalível na Bíblia. Não precisamos que Deus faça peixes engolirem homens e plantas brotarem da noite para o dia para que creiamos nele. Como disse João ao final do seu Evangelho, a respeito dos milagres que Jesus realizou durante seu ministério terreno, "Jesus, na verdade, realizou na presença de seus discípulos ainda muitos outros sinais que não estão registrados neste livro. Estes, porém, foram registrados para que possais crer que Jesus é o Cristo, o Filho de Deus, e para que, crendo, tenhais vida em seu nome" (Jo 20.30,31).

Sexto, o livro de Jonas nos fala de Jesus Cristo, de sua morte e ressurreição. É assim que o livro é citado no Novo Testamento, como uma profecia vívida dos três dias que Jesus haveria de passar sepultado. Jesus Cristo, sua Pessoa e obra redentora são o tema central das Escrituras, tanto do Antigo quanto do Novo Testamento.

A COMPAIXÃO DE DEUS

Vimos o paralelo que há entre a estada de Jonas no ventre do peixe, preso por três dias e três noites, e a morte do Filho de Deus, perfeito e sem pecado, preso no ventre da terra, morto pelos nossos pecados.

Ao terminar este livro, minha oração é que ele seja instrumento de Deus em sua vida, para que você tenha uma intimidade maior com o "... Deus do céu, que fez o mar e a terra..." (1.9), na pessoa de Jesus Cristo, nosso Salvador. Amém.

CONHEÇA OUTRAS OBRAS DE
AUGUSTUS NICODEMUS

AUGUSTUS NICODEMUS

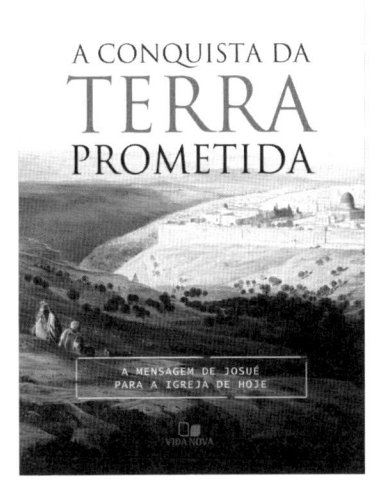

A CONQUISTA DA TERRA PROMETIDA

A MENSAGEM DE JOSUÉ PARA A IGREJA DE HOJE

Vida Nova

O livro de Josué é um grande auxílio para nossa caminhada cristã aqui neste mundo. Esse livro conta como Deus cumpriu as promessas feitas a Abraão de dar uma terra e descanso à sua descendência. A narrativa de Josué mostra de que maneira Deus conduziu os exércitos de Israel a entrar na terra de Canaã (prometida por Deus) e como os israelitas, sob a direção de Josué, conquistaram essa terra, tomando-a de sete povos militarmente superiores a eles.

Josué sempre foi um livro muito apreciado pelos cristãos, sendo citado diversas vezes no Novo Testamento. Era um livro conhecido e usado entre os primeiros cristãos, que procuravam aplicar à sua vida os princípios nele encontrados.

Esse volume é o resultado de uma série de mensagens que o autor pregou a partir do livro de Josué e tem como objetivo ajudar os crentes a enfrentar as dificuldades e os desafios da vida com base nos princípios para o relacionamento com Deus que encontramos nesse livro bíblico.

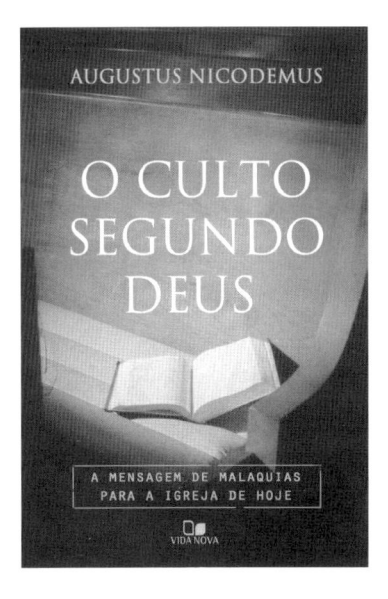

Em nossos dias, assim como na época de Malaquias, o culto a Deus tem sido desvirtuado das mais diversas maneiras. Embora muitos pensem que nada temos a aprender com o Antigo Testamento em matéria de culto, estão enganados. Ao levantarem sua voz contra o povo de Deus de sua época, por haver desvirtuado o culto ao Senhor, os profetas usaram como argumentos princípios relativos à adoração a Deus que certamente se aplicam ao povo de Deus de todas as épocas.

Essa obra tratará desses princípios apresentados por Malaquias a um povo que havia perdido a visão do culto verdadeiro. Entre eles estão:

- A centralidade de Deus no culto;
- As razões corretas para cultuá-lo;
- A relação entre o culto e a nossa vida diária;
- A necessidade de adorarmos a Deus de acordo com o que ele nos revelou, e não de acordo com nossa criatividade.

É por essa razão que Malaquias é bastante atual e relevante. E, por isso, um livro que estude sua mensagem é igualmente atual e relevante para a igreja de hoje.

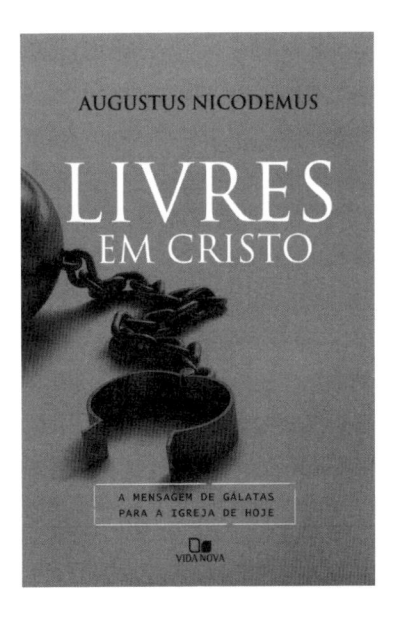

Esse comentário da Carta aos Gálatas é o resultado de exposições bíblicas voltadas para o público brasileiro contemporâneo, o qual, em muitos sentidos, se parece bastante com os destinatários da carta de Paulo.

Paulo combateu em sua carta a mensagem de missionários judeus que se diziam cristãos e ensinavam que a salvação não se dava somente pela fé em Cristo Jesus, mas também pela obediência à Lei de Moisés.

Hoje enfrentamos mensagem semelhante, defendida e disseminada pelos chamados judeus messiânicos e por pseudoapóstolos, os quais reintroduzem as cerimônias judaicas no culto cristão e obrigam os crentes em Cristo a se sujeitar à mesma Lei a que o Senhor deu pleno cumprimento na sua morte e ressurreição.

Nossa oração é que *Livres em Cristo: a mensagem de Gálatas para a igreja de hoje* seja útil aos crentes brasileiros que desejam permanecer firmes na graça de Deus e na obra completa e suficiente de Jesus Cristo para nossa salvação.

O PENTECOSTES E O CRESCIMENTO DA IGREJA

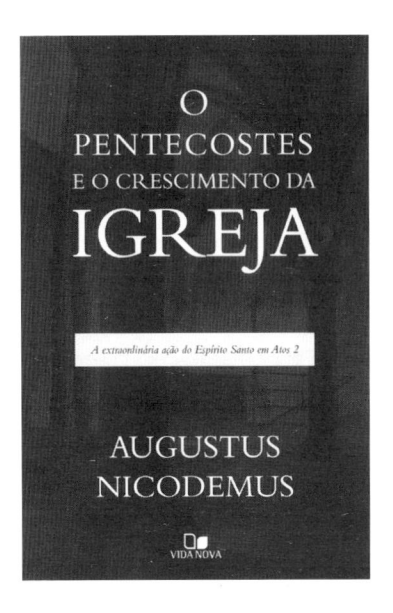

A extraordinária ação do Espírito Santo em Atos 2

AUGUSTUS NICODEMUS

Vida Nova

O livro de Atos dos Apóstolos registra como os discípulos de Jesus começaram a cumprir a missão de evangelizar o mundo. Essa missão teve início no dia de Pentecostes, quando o Espírito Santo de Deus desceu sobre os discípulos para capacitá-los a realizá-la. Após a descida do Espírito, a igreja incipiente começou a se expandir com rapidez por todo o mundo. *O Pentecostes e o crescimento da igreja* procura entender a relação entre a vinda do Espírito Santo e as missões cristãs, e, para alcançar esse objetivo, o autor faz uma exposição de textos selecionados do livro de Atos.

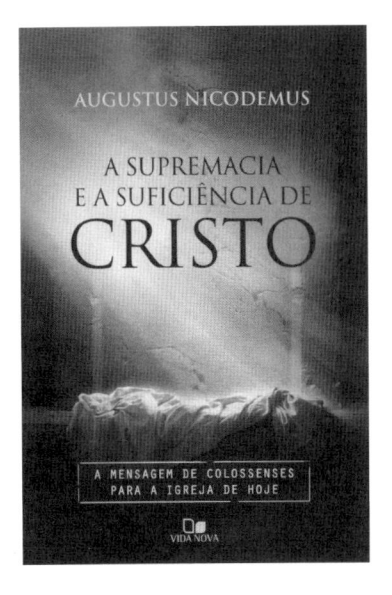

Em nossos dias, assim como na época de Paulo, a supremacia e a suficiência de Cristo têm sido desafiadas pelos mais variados tipos de heresia. Paulo escreveu a Carta aos Colossenses em meados do primeiro século a fim de combater um falso ensinamento conhecido como a heresia de Colossos. No entanto, o leitor atento que esteja familiarizado com a situação da igreja evangélica brasileira não terá dificuldade em identificar nos dias de hoje várias semelhanças com essa heresia.

Precisamente por esse motivo, a carta que Paulo escreveu aos colossenses é tão relevante para o nosso tempo, pois aborda os seguintes aspectos:

- Fala da pessoa de Cristo e de sua obra mais do que qualquer outra do Novo Testamento.

- Ensina de que maneira podemos viver a vida cristã no mundo real e diante dos desafios cotidianos, demonstrando os efeitos práticos da união do cristão com Jesus.

- Combate quatro tendências da época de Paulo que ainda hoje assolam a igreja e fazem parte de muitas teologias defendidas em nossos dias: o gnosticismo, o legalismo, o misticismo e o ascetismo.

A resposta de Paulo à heresia de Colossos foram a supremacia e a suficiência da pessoa e da obra de Jesus Cristo. Augustus Nicodemus acredita que esta é a mensagem que precisa ser pregada urgentemente nos púlpitos brasileiros: Cristo, o Senhor.

Esta obra foi composta em Century Schoolbook e Trajan Pro, impressa em papel avena 80 g/m², com capa em cartão 250 g/m², na Imprensa da Fé, em abril de 2018.